英語でビブリオバトル実践集

木村修平・近藤雪絵●編著

子どもの未来社

はじめに

　今、この本を手にとってくださっているみなさんは、目をキラキラさせながらお気に入りの本を掲げ、その本について活き活きと英語で伝えようとする子どもたちや学生の姿を思い浮かべておられるのではないかと思います。

　「人を通して本を知る／本を通して人を知る」ことをコンセプトとした書評ゲームとして知られるビブリオバトルは、2007年に日本で誕生しました。現在では使用言語を英語に変えた「英語でビブリオバトル（英語ビブリオバトル、Bibliobattle in English、English Bibliobattle）」も盛んに実践が行われるようになりました。公式に報告されている最初の英語によるビブリオバトルは、2011年に京都大学大学院情報学研究科同窓会が主催する「超交流会」で行われた Bibliobattle Festa 2011 です。この大会は "Broadening Horizons" とタイトルが付けられていましたが、この名が示すように、ビブリオバトルを異なる言語で行うことは、単にその言語を練習できるというだけでなく、参加者の視野や世界を広げることにつながります。

　「でも、英語で本を紹介するなんて、なんだかむずかしそう……」と感じる方もいらっしゃるかもしれませんが、ビブリオバトルは気負わず大人から子どもまで楽しめるゲームです。お気に入りの本と少しの英語力があれば、学校で英語を勉強している中学生や、プレゼンテーション力の向上を目指す大学生、趣味やライフワークとして英語をちょっと話してみようと思う社会人など、だれでも参加することができます。また、学校や大学といった学習の場だけでなく、図書館、地域のイベント、カフェ、自宅など、どこでも開催することができます。さらに、英語で行うことで、母語が異なる人同士の交流を深める活動にもなります。

　一方で、本を紹介するためには必ず読書が伴う点や、ゲームであるからこそ勝つための方略として話す内容や構成を練るという点で、ビブリオバトルは知的なゲームであるともいえます。それを母語でない英語で行うのですから、参加者の取り組み方次第では、発表以外の準備（勉強時間）を要する活動にもなり得ます。

　この十年間で英語によるビブリオバトルの普及は急速に広がり、英語学習の活動としても多くの英語によるビブリオバトルが実施されてきました。しかし、人を知り、本を知ることをコンセプトとしたソーシャルなゲームであり、原稿を読まずにライブ感を持って発表することをルールとするビブリオバトルを英語教育の現場で行おうとすると、さまざまな疑問も生じるでしょう。

「原稿は作成するの？」「添削してもいい？」「暗唱の活動を入れてもいい？」「フレーズ集として英語表現を与えてもライブ感は出る？」「評価をどうする？」等の疑問は尽きませんが、こういった問いに唯一の正解は存在しません。実践を行い、時にその成果を共有しながら試行錯誤していくことでこそ、その場に適応したかたちでビブリオバトルが発達していくでしょう。

　本書では、試行錯誤しながらも、意欲的に英語によるビブリオバトルの実践を行った全国の教員たちによるユニークな事例が報告されています。

　第1章には、英語でビブリオバトルのアクティブ・ラーニングにおける意義や英語のプレゼンテーション活動としての有効性が論じられた後に、公式ルールが掲載されています。初めて英語でビブリオバトルに取り組む方は，第1章から読み進めてください。

　第2章には、中学校・中高一貫校・高等専門学校での実践として、ミニ・ビブリオバトルの導入、図書館教育の一環としてのビブリオバトル、プレゼンテーションや多読など他の英語活動との組み合わせなどが報告されています。

　第3章には、大学での実践として、具体的に授業にビブリオバトルを導入する際のヒントや、授業外の活動として多様なグループでの実践例、地域のイベントとの連携、オンライン開催についての報告があります。

　第4章には、海外からの留学生が日本語で行ったビブリオバトルの実践例が報告され、母語以外で行うビブリオバトルという点で、外国語コミュニケーションや異文化交流として英語によるビブリオバトルを多面的に捉える際の参考になります。

　巻末の付録には、ビブリオバトルで使える英語の表現集や参考図書を掲載しています。

　本書が初めて英語によるビブリオバトルを実践しようとする方の背中を押し、また、これまで実践してきた方がご自身の取り組みを省察される際の参考となり、今後のユニークなビブリオバトルの場が広がる一助となれば、心よりうれしく思います。

近藤雪絵

第1章
英語で
ビブリオバトルを
行うために

*Come together with a favorite
or an interesting book.*

1

なぜ英語でビブリオバトルをするの？

立命館大学 准教授　木村修平

　最近、メディアでも頻繁に取り上げられるビブリオバトルとは、そもそも何なのでしょう。ビブリオバトルを英語ですることは、英語を学んだり教えたりする上でどういうメリットがあるのでしょうか。ここではまず、ビブリオバトルの基本を紹介します。

　この章では、ビブリオバトルについての説明とともに、能動的な学び方として、近年さまざまな学校で推進されているアクティブ・ラーニングの観点から、プレゼンテーションの練習手法としてのビブリオバトルの有効性についても考えてみます。また、英語でビブリオバトルを行うことは、自分を表現するために英語を使う「国際英語」という考え方と共鳴するものがあるように思われますので、その点についても探っていきましょう。

1．ビブリオバトルってなに？

　ビブリオ（biblio-）とは、「本」を意味する接頭辞です。それを「戦い」を意味するバトルとくっつけてビブリオバトル（Bibliobattle）という名称になっています。このため、ビブリオバトルは書評合戦とも呼ばれます。その名前のとおり、本を使って競うゲームがビブリオバトルです。ビブリオバトルは、楽しく気軽に行うゲームだということをまず知ってほしいと思います。

　では、どうやって本で戦うのでしょうか？
　みなさんは自分が読んで面白いと思った本を「この本、面白いよ」と他の人にすすめたり、あるいはすすめられたりした経験があるでしょう。ビブリオバトルは、おすすめしたい本を持っている人たちが集まり、本の面白さを紹介し合い、どの本を一番読みたいと思ったかで勝敗を競うゲームなのです。

　ゲームにはルールがつきものですが、ビブリオバトルにもいくつかのルールがあります。ルールがあるからこそ、参加者は対等な条件で勝負することができます。勝負というと大げさに聞こえるかもしれませんが、ビブリオバトルの勝負とはドッジボールやオセロで勝ち負けを競うように、あくまでも遊びのレベルの話だとご理解ください。

　ビブリオバトル普及委員会が定めている公式ルールを次ページに引用します。

ビブリオバトル　公式ルール

① 発表参加者が読んで面白いと思った本を持って集まる。

② 順番に1人5分間で本を紹介する。

③ それぞれの発表の後に参加者全員でその発表に関するディスカッションを2〜3分行う。

④ 全ての発表が終了した後に「どの本が一番読みたくなったか？」を基準とした投票を参加者全員1票で行い、最多票を集めたものを『チャンプ本』とする。

　ビブリオバトルを考えたのは、立命館大学情報理工学部教授（本稿執筆時）の谷口忠大氏です。2007年、京都大学の大学院生だった谷口氏は、勉強会で輪読するための論文や本を選ぶ方法として、面白いと思ったものを互いに紹介し合うことにしました。これが現在まで続くビブリオバトルの原型です。

　その後、有志によってビブリオバトルは各地で続けられ、広がっています。2010年からは大学生・大学院生を対象にした全国大会が毎年開催されており、ビブリオバトルを通じて日本全国の大学や図書館、書店のネットワーク化が草の根的、自発的に進められています。2013年には文部科学省の「第三次子どもの読書活動の推進に関する基本的な計画」にビブリオバトルが掲載され、学校教育にも導入が進められるようになりました。

2．日本人はアメリカ人よりもプレゼンが下手？

　ここで、私がビブリオバトルというゲームを知った経緯を紹介しましょう。2010年4月、立命館大学にスポーツ健康科学部を開設するにあたり、同学部をメインで担当する英語講師として、私は「びわこ・くさつキャンパス」（BKC）で勤務することになりました。2008年、同じ立命館大学BKCに開設された生命科学部・薬学部にプロジェクト型の英語教育プログラムが導入されており、それをスポーツ健康科学部にも採用することになっていました。このプログラムはいわゆるアクティブ・ラーニング型で、学生の興味、関心を出発点とし、独自でリサーチした結果をアカデミックな形式でプレゼンテーション（以下、プレゼン）するタイプの授業でした。

　当時、私は学生に英語でのプレゼンを指導しながら、ある悩みを抱えていました。学生たちの英語プレゼンがとても下手だということです。最初は英語が苦手だからなのだろうと思っていましたが、そうでもないらしい。というのも、日本語で話させてみてもあまりうまくないのです。学生による発信活動が中心となるタイプの授業を初

めて指導する私にとって、このことはかなり衝撃的でした。

　私は学生時代をアメリカで過ごしましたが、今でも鮮明に覚えているのは、同年齢ほどのクラスメイトたちのプレゼンがとてもうまく思えたことでした。今から思えば、決してプレゼンが上手なわけではなく、その内容も大したことではなかったのですが、同世代とは思えない堂々とした話しぶりが印象的でした。

　一度、クラスメイトのひとりに「なぜそんなに堂々と話せるのか」と尋ねたところ、「小学生のときから Show-and-Tell を通じて人前で話す練習をしたからかもしれない」と言うのです。Show-and-Tell（または Show-and-Share）とは、与えられたお題についてクラスメイトの前で話すという、英語圏の小学校でよく見られる授業内活動です。人前で話すことを英語で「パブリック・スピーキング」といいますが、Show-and-Tell がその練習になっていることはまちがいないでしょう。その一方で、日本の学校の授業でこうした技術を磨く機会は、自分自身の体験を振り返っても、乏しいように思います。

　ここで私は思い至りました。私が教えている学生たちは、決して英語が下手だからプレゼンが下手というわけではないのではないか。人前で話すというパブリック・スピーキングの経験そのものが足りないのではないか、と。

　そんなときに出会ったのがビブリオバトルでした。

3．ビブリオバトルとの出会い

　当時、日本で普及しはじめたばかりの Twitter を授業用の一斉連絡ツールとして頻繁に使っていた私は、自然と立命館大学の関係者とつながるようになりました。そのなかで谷口氏と出会い、ビブリオバトルという見慣れない単語に出会ったのです。

　初めてビブリオバトルの実演を目にしたのは、キャンパス内の食堂で開催されていたイベントでした。学生に交じって教員も出場していたと記憶しています。「学生と教員が一緒に本を紹介し合うなんて、知的で大学らしいなぁ」と感銘を受け、教員が

学生に負けていたのがさらに面白いと思いました。

　その後、私自身がまずビブリオバトルをやってみようと思い、何度も出場するようになりました。そのうちの１回、2012年の私の発表が今でも以下の YouTube サイト※1でご覧いただけます。

BKC でのビブリオバトルで発表中の筆者
※1　https://www.youtube.com/watch?v=32Joq4rmwQo

　そして私はビブリオバトルの面白さにすっかりハマってしまいました。何より私が心ひかれたのは、ビブリオバトルでは勝ち負けを決めることがプレゼンのうまさや観戦者の笑いをどれだけ取れたかではなく、本を読みたいと思わせられるかどうかという一点のみというシンプルさでした。それは、私が授業で指導している英語プレゼンの目標とも通底するゴールでした。すなわち、ビブリオバトルは読書という自分の体験を出発点にして、聴いている人の心を動かすパブリック・スピーキングそのものなのです。そのために、英語によるビブリオバトルは最適な練習方法だと思えたのです。

4．自分を表現するために英語を使う

　自らの体験を出発点にした発信行為を取り入れるべきだという考え方は英語教育で長年議論されてきましたが、なかなか実現には至りませんでした。ですが、英語によるビブリオバトルは、その突破口になる可能性があると私は思います。
　日本を代表する言語学学者の鈴木孝夫先生（慶應義塾大学名誉教授）は、英語という言語をアメリカとイギリスを頂点とする特定の国家や文化の占有物とする見方を「民族英語」と名づけ、そのような慣習を受容し続ける当時の日本の英語教育を批判しました（鈴木 , 1985、p.155）[※2]。
　鈴木先生は、英語を広く地球規模で情報やコミュニケーションを媒介する公共性を備えた言語として見なす「国際英語」という視座を提唱し、学校での英語教育は国際英語の運用能力の育成を目標とすべきであると言われました。加えて、国際英語で扱うコンテンツは日本人を中心とした事象を英語で表現する重要性を説かれました。そして、そのための発信型の英語運用能力開発の必要性を訴えられたのです（鈴木 , 1985、pp.190–191）。
　学生個人の興味、関心を出発点にして英語プレゼンを行うという指導をしている私にとって、鈴木先生の主張はもっともだと思えます。その一方で、国際英語の思想を教育で実践するむずかしさも感じています。その理由は、大きく2点あります。1つめは英語の授業に限らず、人前で話すというパブリック・スピーキングの経験値が絶対的に不足していることです。次に、人前で話すに値するほどのまとまった内容を考え出すことは簡単ではないという点です。
　英語によるビブリオバトルはこれらの問題点を解消してくれる可能性があります。というのも、ビブリオバトルは気楽なゲームですので、何度も参加して経験を積むことが容易です。ビブリオバトルで発表をくり返すことで、人前で話すことに慣れますし、勝つためにはどう話せばいいかという戦略性に考えが至ります。また、話すことは自分が読んだ本の内容に基づきますから、内容をゼロベースで考える負担に比べると、足がかりがあります。私自身、立命館大学の有志学生を集めて英語によるビブリオバトルを複数回開催し、この思いをますます強くしました。
　これらの経験からもわかるように、かつて鈴木先生が提唱された国際英語という考えに共鳴する多くの要素をビブリオバトルが備えているといえるでしょう。また、自

分中心の発信以外にもビブリオバトルは有用です。発表後、本についてディスカッションする時間は、他者の発表を傾聴し、関心を寄せる自然な仕組みといえますし、質疑応答の表現を実践する機会にもなります。立命館大学の学生たちを集めて英語によるビブリオバトルを何度か行ってみて、私自身、こうした点を確信しています。

英語でビブリオバトルに取り組む立命館大学の学生
https://www.youtube.com/watch?v=k1pKNfak92k

　自ら情報を発信するだけでなく、他者の発する情報も受けとめ、交流する。ビブリオバトルを英語学習に導入することは、学習者を中心としたアクティブ・ラーニングが推進されている時流にも無理なくかなう流れであるといえるでしょう。

　これから本書で紹介するように、英語によるビブリオバトルはさまざまな教育機関でさまざまな先生方により実践されています。手探りの部分は大きい試みですが、いい換えればそれは未開拓の肥沃な大地の広がりを予感させます。この新しい領域にともに踏み出してくださる仲間が1人でも増えることを願っています。

※2　鈴木孝夫（1985）『武器としてのことば：茶の間の国際情報学』新潮社

2
英語でビブリオバトルの公式ルール

立命館大学 准教授　近藤雪絵

ビブリオバトルの公式ルールとコンセプト

　ビブリオバトルは「人を通して本を知る、本を通して人を知る」がコンセプトの、本の紹介を通じたコミュニケーションゲームです。ビブリオバトルには「公式ルール」が定められていて、英語で行う場合にも同じルールが適用されます。

　英語のビブリオバトルを簡単に楽しく行うためにも、参加を呼びかける前に必ずビブリオバトルのコンセプトとルールを伝えるようにしましょう。また、英語のビブリオバトルを開始する前にも英語でルールを読み上げ、全員で確認するとよいでしょう。

Bibliobattle Official Rules

Bibliobattle is a social book review game. The concept of the game is "to get to know books through people and to get to know people through books."

① Come together with a favorite or an interesting book.
　発表参加者が読んで面白いと思った本を持って集まる。

② Introduce your favorite book for 5 minutes, one by one.
　順番に1人5分間で本を紹介する。

③ After each presentation, talk about the book for 2–3 minutes with all participants.
　それぞれの発表の後に参加者全員でその発表に関するディスカッションを2〜3分行う。

④ After all presentations, select the "Champion Book" by the votes of all participants, both audience and presenters. The criterion is "a book, which you want to read the most." The book with the most votes is called the "Champion Book."
　全ての発表が終了した後に「どの本が一番読みたくなったか？」を基準とした投票を参加者全員1票で行い、最多票を集めたものを『チャンプ本』とする。

また、ビブリオバトルのこれら4項目のルールには、それぞれこのゲームの面白さを引き出す詳細な説明があります。ビブリオバトルの主催者が理解することはもちろんですが、参加者にもルールと同時に以下の詳細を説明しておくことをおすすめします。

Bibliobattle Official Rules and notes

① **Come together with a favorite or an interesting book.**

a. Although books others recommended may be used, a presenter certainly has to choose the book for presentation beforehand.

　本は他人が推薦したものでもかまわないが、必ず発表者自身が選ぶこと。

b. The promoter can set a theme for selecting books.

　それぞれの開催でテーマを設定することは問題ない。

② **Introduce your favorite book for 5 minutes, one by one.**

a. After exactly 5 minutes, the presenter has to finish his or her presentation.

　5分が過ぎた時点でタイムアップとし発表を終了する。

b. As a rule, handouts, presentation data, or slides, etc. are not recommended.

　原則レジュメやプレゼン資料の配付等はせず、できるだけライブ感をもって発表する。

c. A presenter must use all 5 minutes to talk about his or her book.

　発表者は必ず5分間を使い切る。

③ **After each presentation, talk about the book for 2–3 minutes with all participants.**

a. Do not criticize or find fault with others. Ask a question in order to make a judgment on the book you want to read most.

　発表内容の揚げ足をとったり、批判をするようなことはせず、発表内容でわからなかった点の追加説明や、「どの本を一番読みたくなったか？」の判断を後でするための材料を尋ねる。

b. All participants should enjoy the Bibliobattle together.

　全参加者がその場が楽しい場となるように配慮する。

c. Discussion time can be extended but should not significantly exceed the original time schedule.

　質問応答が途中の場合などに関しては、ディスカッションの時間を多少延長しても構わないが、当初の制限時間を大幅に超えないように運営すること。

④ **After all presentations, select the "Champion Book" by the votes of all participants, both audience and presenters. The criterion is, "a book, which you want to read the most." The book with the most votes is called the "Champion Book."**

a. A presenter cannot vote for his or her own book.

　自分の紹介した本には投票せず、紹介者も他の発表者の本に投票する。

b. The "Champion Book" must be determined by a democratic vote by the all participants including presenters and audience. It must not be determined by a small number of people in power, such as a teacher, a chairman, or a judge.

　チャンプ本は参加者全員の投票で民主的に決定され、教員や司会者、審査員といった少数権力者により決定されてはならない。

その他、ルールを紹介したウェブサイトや動画を紹介します。
・ビブリオバトル公式ページ Bibliobattle in English → http://en.bibliobattle.jp/
・YouTube　Bibliobattle Basic Rules → https://youtu.be/_Vje3a7b8xY
・カラーのルールブック（印刷用）English Bibliobattle Rulebook ⇩
　http://blog.engstudio.jp/2017/04/english-bibliobattle-rulebook-pdf.html
　※上記のルールブックはカラー表紙つきで裏表に印刷できます。
　以下、次ページにわたってルール部分のみを掲載します（日本語版あり）。

Official Rules

1

Get together with a favorite or an interesting book.

2
Introduce your favorite book for 5 minutes.

3

After each presentation, talk about the book for 2-3 minutes with all participants.

↪ Repeat 2 & 3 for all the battlers.

4  Vote for a book which you want to read most. The book with the most votes is called the "Champion Book of the Day" or "Champ-bon."

5 After the battle...

Share ideas

Read the books introduced.

Prepare for the next battle.

Upload your video.

and more.

Bibliobattle goes on !

第2章
中学校・中高一貫校・高等専門学校での実践

Introduce your favorite book for 5 minutes, one by one.

1

中学1、2年における英語ミニ・ビブリオバトル

渋谷教育学園渋谷中学高等学校 司書教諭　前田由紀

　英語で本の紹介をすることは、なかなかむずかしいように思われるかもしれません。当校では英語科と図書館でコラボレーションした授業をしています。それに至るまでの英語科多読の授業の中の図書館での仕掛けを中心にご紹介します。やさしいレベルの本をたくさん読むことで、読む力を養い、徐々に自然と英語長文読解への抵抗をなくし、英文を楽しむことが狙いです。

　まず、中学1年生では、英語学習初心者用に1ページ1文からはじまり、レベル別に語彙を増やしていく多読用図書を読んでいきます。それには海外で人気の児童書や絵本も含まれます。数台あるブックトラックの多読図書（4千冊以上）を使って、各自が好きな本を選び、多読をする時間が設けられています。中学での目標語数を十万語とし、各自が多読用のノートに本の題名・語数・コメントを記録しています。学校図書館でも5冊までの通常貸出のほかに多読用図書の貸出をさらに5冊まで可能にして、多読図書の読書推進を支援しています。

　中1生は、三学期の3月に多読授業のまとめを図書館で行います。生徒全員が、年間で最も面白かった多読の図書をミニ・ビブリオバトルで紹介します。

1．ミニ・ビブリオバトルに至るまでの仕掛け

(1) 司書教諭による Book Talk

・*Curious George*（中1）

　中1生には、多読図書の授業のはじめの段階で、毎年 *Curious George*（邦訳本では『ひとまねこざる』『おさるのジョージ』シリーズ）を司書教諭が取りあげて、この本が1945年にアメリカで出版されるまでのいきさつを紹介します。

　まず、作家レイ夫妻は、どこの国の人か？　例年、生徒からはなかなかドイツという答えは出てきません。なぜドイツの人が、アメリカで本を出版することになったのか。*Curious George* が出版されるまでのレイ夫妻の必死の逃避行。そして、命綱となった自転車の意味。ユダヤ人だった夫妻がナチからの迫害を逃れ、アメリカに亡命するドラマがそこにあります。とてもお茶目で愉快な George が自転車に乗って遊ぶ絵本ですが、出版秘話を知ることでその深みを感じてもらい、本校の生徒が知的好奇心をもって、まさに Curious に学校生活を満喫してほしいとの願いを込めて行う授業です。

・坂本竜馬（中2）

　司馬遼太郎の小説『竜馬がゆく』から、幕末、坂本竜馬の亀山社中が結成した英語の手作り辞書を紹介します（右・画像）。蘭学から英語へ、黒船来航と共に大変動を遂げる幕末にあり、竜馬が作った日本ではじめての商社、亀山社中。そこでは英語のアルファベットから手作り辞書

『和英通韻以呂波便覧』（林田安隆氏／所蔵）

で学ぶ彼らの当時の情熱が伝わってきます。彼らの活動は、土佐藩の岩崎弥太郎が創業する三菱グループへ、また竜馬を敬愛する孫正義のソフトバンクへと歴史の流れがつながっていること、三菱のマークが土佐藩由来であること、ソフトバンクのマークは、竜馬の海援隊の旗印がデザインとなっていることを説明します。歴史が現在と連綿とつながり、海外との交渉からの語学の重要性を実感してもらいます。

（2）おすすめ多読図書の手引きの作成

　多読図書にはいろいろなシリーズがあり、当校で最初に読みはじめるのが、*Oxford Reading Tree (ORT)* のシリーズです。イギリスの小学校低学年で使用されている「国語」の教科書です。小学生の男の子 Kipper とその家族の物語で、温かなイギリスの家庭の日常生活が描かれていて、最後に話のオチがあり、イラストも親しめます。

　その他にも *I Can Read Books (ICR)* では、Little Bear のお話やカエルの *Frog and Toad* シリーズがあり、ゾウさんとブタ君のドタバタ話 *An Elephant & Piggie Biggie!* も楽しいものです。

　Usborne Young Reading は、『ピノキオ』、『不思議の国のアリス』、『宝島』などのおなじみの昔話です。*Foundation Reading Library* では、アメリカの高校生が主人公で、ORT の次に読むにはちょうどよいシリーズになります。

いろいろなシリーズの紹介・・・・・・・・・・・・・・・・・・・・・・・・・・（93 ページにもリストあり）

中学 1 年生用	中学 2 年生用
Oxford Reading Tree (ORT)	*Magic Tree House* ※
Foundation Reading Library	*Rainbow Magic*
Usborne Young Readers	*A to Z Mysteries*
An Elephant & Piggie Biggie!	*Scholastic ELT Readers*
Disney Pop-Corn	*Oxford Bookworms Library*
Nate the Great	*Who was 〜？*（伝記）
	週刊英字新聞や雑誌の時事ニュース

※ *Magic Tree House* は、いろいろな時代、場所へときょうだいが本の中に入って冒険するお話ですが、小学生にも人気なので、日本語で読んだことのある生徒が多いです。授業では 21 話である南北戦争のテーマのお話 Civil War on Sunday を取り上げます。「南北戦争」と日本語では訳しますが、英語では The Civil War（内戦）であることなどを話して、表現のちがいを説明します。

(3) 留学生による絵本の読み聞かせ

当校には毎年、各国から数名の留学生が1年間滞在するのですが、多読の時間にエリック・カールの *Brown Bear, Brown Bear, What Do You See?* や *Very Hungry Caterpillar* などのおなじみの絵本を多読の時間に読んでもらうこともあります（写真1）。一回読んだら、今度は一緒に英語を声に出して読む練習もします。その後、留学生には、例えば「な

写真1　スウェーデンの留学生による絵本の紹介

ぜ日本に来たのですか？」とか「好きな日本の食べ物は？」など、英語で簡単な質問をする練習もします。自分の英語が外国の人に通じる経験は、英語への垣根を越えるきっかけとなります。

(4) 多読図書回転寿司

清教学園の片岡則夫[1]先生が考案された、さまざまな本と出会える場を作る仕掛けが岩波ジュニア新書『読書ガイドブック』で紹介されていますが、これを多読図書で応用してみました（写真2）。

写真2　多読図書回転寿司

レベル別に大きなテーブルに並べられた多読図書を眺めたり、ペラペラめくったりして、気になった本を選んでいきます。回転するのは、生徒たち（写真3）。一定の時間を過ぎるとまた別のテーブルへ。いつもとちがう多読図書を知る機会を作ります。ノンフィクションの方が読みやすい生徒もいるので、物語だけではなく、ノンフィクションの本も並べています。

写真3　本を見ながら回転する生徒たち

(5) 多読ポスターコンテストへの参加

中2では、夏休みの宿題として Oxford University Press の多読図書からお気に入りを選んで、Oxford Big Read という学外のポスターコンテストに学校単位で応募しています。絵と英文を組み合わせて、その本を紹介します。校内でも廊下にポスター展示（写真4）をしました。

写真4　ポスター展示

2. 三学期のミニ・ビブリオバトル

　三学期は、中1生が今までのまとめとして以下のような方法で、英語ミニ・ビブリオバトルを行いました。

◇ビブリオバトルに向けての準備
　・プレゼンのために要点をまとめる。
　・声に出して練習する。
　・原稿なしでスピーチする。

◇予選・決勝を経てクラスのチャンプ本を決める（写真5）

写真5　ビブリオバトルのようす

◇ビブリオバトルをした後の図書館からの発信（写真6）

　図書館通信に掲載したり、図書館での展示をすることで、その場にいなかった生徒たちにも共有できるようにします。

写真6　各クラスのチャンプ本の展示

3. 参考：チャンプ本になった中1生徒の発表内容の要旨

What Was It Like? (ORT Stage 8)：Oxford University Press

　The book I would like to introduce today is about the war. It is called *What Was It Like?* A war is when a country fights with other countries. We mustn't break out into war. You know right? But if you read this book, you can image the war more clearly. You can feel　terrible about the war. This book is a fantasy. The protagonist of this book is Biff. Biff and her friends have to rehearse for the play. The play is all about the history of their town. They act as children living in the town during the war, but suddenly they travel through time to about 75 years ago at war. My favorite picture in this book is this (p.23), because I can know how sad children were during the war. This little boy must go away to another place because this town will be bombed. But his mother stays in the town. It is a bitter parting. Can you feel people's pain during the war? Therefore, I highly recommend this book.　　　　　　　　　(A.K.)

Lunch Lady Series #5：Knopf Books for Young Reader

　The book I chose is *Lunch Lady and Bake Sale Bandit* by Jarrett J. Krosoczka. This is a comic book. It's a real page turner. It takes about 30 minutes to read. You can read this book quickly. The protagonist of the book is Lunch Lady. She's working in the school. She is like a superhero. She uses her special bike, helps the children and knocks out the bad person. One day, the school has a bake sale. Children are looking forward to it. But that day, someone obstructs it, and the Lunch Lady becomes very angry. Please read it by yourself. I highly recommend it. This book is very funny. Please read it at least once. Thank you for listening.　　　　　　　　　(S.K.)

Junie B. Jones Series #1：Random House Books for Young Readers

 The book I would like to introduce today is ***Junie B. Jones and the Stupid Smelly Bus***. It is a real page-turner. This series are very famous in the United States. The protagonist of the book is Junie B. Jones. She is a very funny and interesting girl. One day when school over, Junie B. Jones doesn't want to go home by school bus. So, she thought she could stay at school the whole night. But a lot of accidents happen. My favorite scene in this book is this because it makes me laugh! In this scene she wants to go to the bathroom, but she made a mistake and called the police and the ambulance! Isn't she funny? If you are interested, I strongly recommend reading this series. Please read the rest in the library! Please give it a shot! 　　　　　　　　　（M.G.）

4．英語科教員からのコメント

　　初回の授業では生徒を図書館に集め、司書教諭の先生にさまざまな洋書のシリーズを読みやすさのレベルごとに机に並べてもらい、本の紹介をしてもらいました。その後、生徒たちには自由に机をまわり、本を手に取って気に入った本を探してもらいました。中学校で本格的に英語を学びはじめて１年足らずでしたが、自分でも読めそうな本がたくさんあることがうれしかったのか、生徒たちはみな目を輝かせていました。

　　冬休みに各自で本を読み込み、１月の授業ではミニ・ビブリオバトルでのプレゼンテーションに使えそうなフレーズを提示し、各自スクリプトの作成をしました。

　　ミニ・ビブリオバトル本番では、生徒たちが楽しそうに自分の選んだ本を紹介している姿が印象的でした。

　　英語で本を読み、内容を紹介し、それに対して質問をするという、中１にとっては難度の高い活動も、司書教諭の協力のおかげで楽しいイベントとして実施することができました。

　　　　　　　　　　　　　　　　　　　　　　　　　　　　　　（英語科　鈴木健祐）

　　「本が好き」という気持ちを通して、生徒が英語に対して前向きな姿勢になれるのがビブリオバトルの大きな魅力の一つだと感じました。ミニ・ビブリオバトルに向けての準備では、生徒は自分の選んだ本を何回も英語で読み込み、自分の知っている語句を使ってなんとか本の魅力を伝えようと必死に考えていました。なかには英語の授業であまり積極的に発言しない生徒が「悪役って英語で何て言うの！」と聞いてくるという場面もありました。

　　またビブリオバトル本の印象に残ったシーンのページをめくって必死に探しながら、生き生きと英語で発表している生徒の姿も、通常の授業の中でもあまり見たことがない姿でした。生徒にとって非常に実りのある時間になりました。

　　　　　　　　　　　　　　　　　　　　　　　　　　　　　（英語科　福岡伸一朗）

5．授業を終えて

　多読の授業後は、主に図書委員会が主催する他校とのビブリオバトルで、英語ビブリオバトルのグループを作って毎年交流していて、留学生が参加することもありました。2019年の夏には、渋谷教育学園幕張中学校・高等学校、豊島岡女子学園中学校・高等学校（pp.34-38）との3校で本校のオープンスクールデーの時に公開して行い、観客の小学生からも英語で質問されたことが印象に残っています。

　2016年に国際際学校図書館協会（The International Association of School Librarianship: IASL）の年次大会が東京で開催され、ビブリオバトルを世界に紹介すべくワークショップを実施しました。そこで英語ビブリオバトルを披露してくれた生徒のコメントを最後に紹介します。

> 　国際会議でのビブリオバトルは自分の意識を大きく変えたイベントでした。Zak Ebrahim さんの *The Terrorist's Son* という本を題材に、イスラムに対する偏見や当事者である筆者の赤裸々な経験を語るなかで、この本を通じて感じた直観的な怒りやもどかしさを自然に伝えることができたと思います。発表後に何人かの海外の先生方に個人的に反応をいただけたこともうれしかったです。差別に対する意識が高まっている今だからこそ、真摯に向き合うべき問題なのではないかと改めて思います。
>
> （卒業生・梶谷菜々美）

※1　片岡則夫（2019）『新書回転寿司－中学生が知識の扉をひらく－』
　　　『創刊40年記念ホンキのキホン－岩波ジュニア新書読書ガイドブック』岩波書店

【参考文献】
＊酒井邦秀（2002）『快読100万語！ペーパーバックへの道』（ちくま学芸文庫）筑摩書房
＊酒井邦秀（2008）『さよなら英文法！多読が育てる英語力』（ちくま学芸文庫）筑摩書房
＊古川昭夫ほか（2013）『英語多読完全ブックガイド（改訂第4版）』　コスモピア
＊古川昭夫・宮下いづみ（2007）『イギリスの小学校教科書で楽しく英語を学ぶ』　小学館
＊古川昭夫・宮下いづみ（2008）『イギリスの小学校教科書で楽しく英語を学ぶ（社会・理科編）』
　小学館
＊隔月発行雑誌（CDつき）『多聴多読マガジン』コスモピア
＊藤井数馬「英語多読のアウトプット活動としてのミニビブリオバトル」『英語教育』Vol.66 No.9
　（2017年11月号）pp.24-25、大修館書店
＊前田由紀「教師の学びが広がる読書・読書指導　図書館司書教諭と協働する」『英語教育』
　Vol.66 No.9（2017年11月号）p32、大修館書店
＊ Aiming for a Cool School Library Activities in Japanese School Libraries connected with the Community, University, Other Schools and the World, Takaji, Yoko; Maeda, Yuki, *International Association of School Librarianship.* Selected Papers from the Annual Conference; Brantford (2016) : pp.1-10

2

学校図書館教育 × 英語教育

元・滋賀県草津市立松原中学校 教諭　辻　大吾

1. プロローグ

　2019年11月17日(日)午後から、滋賀県草津市のJR南草津駅前にあるUDCBK(アーバンデザインセンターびわこ・くさつ) において、くさつビブリオバトル2019「英語の部」(写真1) が開催され、一般の方に交じってエントリーした中学校3年生の生徒が紹介した本が、チャンプ本に選ばれました。

　くさつビブリオバトルは、2011年から開かれている「みなくさまつり※1」内のイベントの一つであり、「小・中学生の部」「大学生の部」「一般の部」、そして「英語の部」の4部門に分かれて開催されています。「小・中学生の部」には、毎年、草津市内にある市立全小・中学校20校(14小学校・6中学校)と県内近隣の私立中学校から、代表児童生徒各校1名〜3名がバトラーとして参加し、盛大に開催されています。

　一方「英語の部」は、英語を学習中の社会人の方や大学生が発表者(以下、バトラー)として参加し、開催されてきた部門であり、そこでの中学生の参加は、今回(2019年)が初めてのことでした。市内の中学校から4名の生徒がエントリーしました。中学生バトラーたちにとって、会場に集まった大勢の一般の方々を前に、英語で本を紹介することは決してハードルの低いものではなかったはずです。しかし、身振りや手振り、そしてアドリブを加えながら、自分が読んで面白いと思った本、みんなにも読んでほしいと思う本を「自分なりの英語」で紹介し、その後の参加者の方々とのディスカッションも英語で行うことができました。

写真1　くさつビブリオバトル2019「英語の部」

※1　みなくさまつり

"みなくさ"は、JR南草津(みなみくさつ)駅の愛称で、みなくさまつりは草津市南部の商工業の振興・発展と人々の交流を促進するため、草津市行政(教育委員会、商工観光労政課)、立命館大学びわこ・くさつキャンパス(BKC)、草津商工会議所、草津青年会議所、そして地域の住民自治組織が連携して実行委員会を構成し、11月に開催されている"地域発信型のまつり"であり、毎年多くの人々で賑わいます。

２．英語プレゼンテーション活動

　くさつビブリオバトル 2019「英語の部」に中学生が参加するきっかけになったのは、草津市において 2014 年に始まった、ICT 環境の整備事業にまで遡ります。令和の時代に入り、文部科学省より GIGA スクール構想による学習者用端末の配備計画が打ち出されましたが、草津市では市立小学校には 2014 年から、市立中学校には 2015 年から、３学級に１セット（35 台）の割合でタブレット PC（学習者用端末）が配備されています。これら端末の配備をはじめ、液晶型電子黒板や書画カメラといった物理的整備、ICT 支援員や ICT 教育スーパーバイザーといった人的整備に取り組んだこともあり、本市は、「2019 年日本 ICT 教育アワード　文部科学大臣賞」を受賞している ICT 教育の先進地です。

　当時、私が英語科教員として在籍していた草津市立松原中学校では、導入年度から各教科で生徒にとって効果的なタブレット PC の活用が模索されました。

写真２　プレゼンテーション「日本文化再発見」

写真３　プレゼンテーション「日本文化再発見」

　英語科では、英語における言語活動の機会の充実を目指した取り組みの一環として、「英語プレゼンテーション活動」でのタブレット PC 活用の研究を進めていくことにしました。

　タブレット PC の配備以降、「日本文化再発見」（写真２、３）「英語劇」「What's this?」と、毎学期に一度、プレゼンテーションのテーマを設定して取り組んできました。配備翌年の 2016 年度に勤務校が文部科学省「ICT を活用した教育推進自治体応援事業」の実証校に指定され、11 月に私ともう１人の英語科教員とで、１年生英語科の授業を公開し、全国からたくさんの教育関係者の方が来校されました。その時、取り組んだ英語プレゼンテーション活動が「お気に入りの本を紹介しよう」でした。

３．英語で「お気に入りの本を紹介しよう」

（1）取り組みのきっかけ

　当時、私は１年生の学年主任を担当しており、学年の国語科教員の提案もあって、学年全体で読書活動に力を入れてきました。生徒が学校に来てから朝の会が始まるまでの「朝の読書タイム」、読んだ（もしくは、今読んでいる）本について生徒が

感想を記録する「読書ノート」、学期末に実施する「読書冊数に応じた表彰式」、国語科における「ビブリオバトル」などに継続的に取り組み、本を読むことが好きになる生徒の育成に努めてきました。そんな学年背景のなか、草津市で使用している英語科1年生の教科書で、登場人物が

写真4　タブレットPCを利用した授業風景

写真5　タブレットPCを利用した授業風景

インターネット電話を通じて、「おすすめの本」を紹介するシーンがありました。

　これまでに学んだ表現のアウトプット活動として、ICT機器を活用した授業改善の実践として、そして学年で取り組んでいる読書活動推進の一環として、タブレットPCを使って「お気に入りの本を紹介しよう」というテーマのプレゼンテーション活動は、生徒たちにとって効果的な取り組みになると考えました（写真4、5）。

（2）取り組みの目的

・自分のお気に入りの本やその本の登場人物について、聞き手に紹介したり、自分の考えや思いを伝えたりする力を身につけること。
・自分のお気に入りの本を人に紹介することで、話し手も聞き手も本を読むことが好きな学年集団に成長すること。
・手振りや身振りを上手に使って、自分なりの英語で話せるようになること。
・話し手と聞き手の双方向における英語でのコミュニケーション力を身につけること。
・タブレットPCを活用して、自分の伝えたいことをわかりやすく相手に伝えること。
　→1人1台のタブレットPCを持ち、各自が作成したパワーポイントのスライドを、教室前に設置した液晶型電子黒板に映してプレゼンテーションを実施する。
・将来に活かせるプレゼンテーション力を身につけること。

（3）授業計画（7時間）

①取り組みの内容を生徒に伝え、はじめに教員が見本を見せる（写真6）とともに、学習到達状況を評価するためのルーブリック（評価基準表）を提示す

写真6　教員による本の紹介

る。それを受けて、生徒は構想を練り、英文の作成に取り組む。（2時間）

・どのような活動でも生徒に取り組ませる前には、必ず教員が「見本」を見せます。これによって、生徒はこれから取り組む活動のイメージをつかむことができます。

・英語プレゼンテーション活動におけるルーブリックは、「アイコンタクトやジェスチャー等の工夫のあるパフォーマンス」「既習表現の活用や規定の語数等の条件を付加した英文」「聞き手が感心するような（聞き手が知らなかった）情報等を含んだ内容」「アニメーション機能等の視覚的効果を活用した工夫されたパワーポイントのスライド」を評価する項目として縦軸におき、それぞれの到達レベルを横軸に設定しています。

・英文作成では、「和英辞書」を必須アイテムとして、必ず使用させます。

・英文は、聞き手の興味をひくような文構成になるように意識して、生徒が「導入」から「まとめ」までを工夫して作成するよう指導します。必要な語彙を入れると英文が完成する、台本のフォーマット（モデル）は提示しません。

②教員による英文チェックを受けた生徒から、プレゼンテーション用パワーポイントのスライドの作成作業に取り組む。（2時間）

・パワーポイントのスライドは5ページ程度にまとめ、各ページにはできるだけ英文は入れず、英語を話すときに必要となるキーワードのみを入れるように指導します。

・スライドが完成したら、随時プレゼンテーションの練習に取り組みます。

③個人練習からスタートし、ペア・グループ練習、ローテーション練習へと練習の方法を発展させていく。（1時間）

・生徒がプレゼンテーションを練習するにあたり、次のことについて工夫しながら取り組むように指導します。

【ジェスチャー（Gesture）】
顔の表情の作り方を含め、手振り、身振りを入れること。

【アイコンタクト（Eye-contact）】
聞き手に目を配り、聞き手の反応を常に確かめながら話すこと。

【話し方（Move）】
抑揚や強弱を入れて、聞き手に伝えたいところを明確にすること。

【話す内容（Move）】
事前に準備した英文スクリプトをもとにするが、決して丸暗記したものを話さないようにすること。パワーポイントのスライドの「キーワード」や「イラスト・写真」をもとに、聞き手の反応に応じて、時にはアドリブを交えながら「自分なりの英語」で話すこと。また、聞き手がより一層注目するように、聞き手への問いかけを加えるなどの工夫を凝らすこと。

【聞き手が意識すること（Reaction）】
話し手の内容やパフォーマンスに対して、適切に反応（リアクション）し、後から意見や感想、質問ができるようにすること。（→話し手と聞き手が一体となった空間を創ること）

【その他（Move）】

　可能であれば、定位置で直立して話すだけでなく、聞き手の注意や視線をひくように歩きながら話してみる。（例えば、スティーブ・ジョブズが iPhone を発表した時のプレゼンテーションのイメージ）

写真7　プレゼンテーションの練習

・練習の仕上げとして、隣同士の机を向かい合わせにしてペアになり、プレゼンテーションの練習をします。

　話し手の発表後には、聞き手が必ず英語で意見や感想、質問を述べるやり取りを行います（写真7）。交代で相互に発表とやり取りを行った後、一方の列の一番前の席の生徒が一番後ろの席に移動して、列全体をスライドさせます。そして、新たなペアで練習をします。ローテーションしながらペアを替えてくり返し練習をすることで、個々のプレゼンテーションの精度は高まり、自然とアドリブを交えた、「自分なりの英語」で発表できるようになります。同時に、聞き手の立場の練習もしているので、聞き手をひきつけるような発表の仕方を工夫する点について、他の人の発表から学ぶことができます。

④クラスの生徒の前で、英語プレゼンテーション活動をする。（2時間）

・Gesture、Eye-contact、Reaction、Move は、英語プレゼンテーション活動における4つの柱と位置づけて、生徒はこれらを意識しながら取り組みます（写真8）。

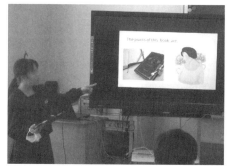

写真8　英語プレゼンテーション

(4) 生徒の感想

◆自分なりに、紹介した本の面白かったところをみんなに伝えることができていたと思う。

◆自分が発表するとき、"Hello" と挨拶すると、みんなが "Hello" と言ってくれるので、とてもうれしくてプレゼンテーションが楽しくなった。

◆次回はジェスチャーをもっとつけて話したいと思った。アイコンタクトは心がけていたけれど、もっと顔を左右に動かして、みんなの顔が見られるようにしたい。

◆他の人の発表を見て、ストーリー全般のことだけでなく、登場人物のことをつけ加えると、さらに話がふくらむと思った。

◆プレゼンテーションはどれも見ていてとてもよかったと思う。ぜひ読んでみたいなと思った本がいくつかあった。

◆みんなの発表は、声がとても出ていたし、ジェスチャーもよかった。それだけに内容がとても心に残ったし、次回読んでみたいなという気持ちになった。

（5）日頃の授業において

　今回取り組んだ時間だけで、生徒がある程度のまとまった英文を書くことができたり、ジェスチャーやアイコンタクトなどを意識したプレゼンテーションができるようになったりするのではありません。ここに至るまでの普段の授業での継続した言語活動の取り組みが大切になってきます。目指す生徒像を明確にし、ゴールを見据えて、そのために必要な生徒の力は何であるかを考えて、日々の授業を構築するようにしています。日頃の授業、教材研究で意識的に取り組んできた内容、ポイントは以下のとおりです。

・毎時間、ペアワークやグループワークを取り入れて相手を意識する感覚を養う。

・オールイングリッシュでの授業を常とし、生徒にとって毎時間の授業が英語を活用したコミュニケーション活動の場となるようにする。

・隔回の授業で、教科書本文を使って「ストーリー・リテリング[※2]」に取り組み、インプットからアウトプットへとつなげていく言語活動に取り組む。

　※2　ストーリー・リテリング…読んだ内容について自分の言葉に言い換えてスピーチする英語の学習方法

・校内英語教員で定期的な教科部会を開催し、同一歩調で組織的に、英語教育に取り組む。

・板書の時間や生徒がノートに書き写す時間をなくし、言語活動の時間を充実させる。

・ICT機器を活用して、アクティブ・ラーニングの視点で授業改善に取り組む。

・英語プレゼンテーション活動の他、英語劇、英語ディベート、遠隔授業における外国や他校の生徒との英語での交流活動など、さまざまなアウトプット活動に取り組み、生徒のコミュニケーション活動、言語活動の機会を設定する。

4．今後の展望

　草津市では、市内小・中学校が連携して英語教育に取り組んでいくため、その指針を示した推進計画「草津市英語教育ステップアッププラン」の作成、および草津市版「CAN-DOリスト」による学習到達目標の設定をしています。そして、これからのグローバル社会を生きる児童・生徒の英語力の向上のため、中学校におけるスコア型4技能検定の受検、小学校における外国人講師によるオンライン授業の実施、JTE（日本人英語指導助手）の配置など、具体的施策を展開しているところです。また、これまで松原中学校で取り組んできたタブレットPCを活用した「英語プレゼンテーション活動」を、市内6中学校における英語教育の共通の研究テーマとして設定し、授業改善を進めています。

　一方、学校図書館が児童・生徒にとっての「読書センター」および「学習・情報センター」として機能できるよう、各校の司書教諭が中心となり、学校司書、運営サポーター、図書ボランティアと連携して、学校図書館教育にも力を入れています。各校

写真 10　国語科授業でのビブリオバトル

ともに図書館は毎日開館され
ていて、読み聞かせや調べ学習
など図書館を活用したさまざ
まな取り組みが進められてい
ます。
　そのなかでも「ビブリオバト
ル」（写真 10）は、市内全小・
中学校で「校内ビブリオバトル

大会」として、授業や委員会活動のなかで開催されています。このような素地がある
ため、各校から代表の児童・生徒が集まって開催される「くさつビブリオバトル」は、
盛大に行われる市のイベントのひとつになっています。
　2019 年度には、市教育委員会で学校図書館教育、英語教育を担当している私と、
松原中学校に勤務する英語科教員が協力して準備し、立命館大学の木村修平先生、近
藤雪絵先生のご指導のもと、くさつビブリオバトル 2019「英語の部」への、中学生
バトラーのエントリーが実現しました（pp.29-33）。
　中学校の先生には、1 学期の授業でタブレット PC を活用した英語プレゼンテーシ
ョン活動「お気に入りの本を紹介しよう」に取り組んでいただき、その発表内容をも
とに「英語ビブリオバトル」参加希望生徒が、タブレット PC を活用しないで、自分
なりの英語とパフォーマンスで規定の時間内に聴衆をひきつけるスピーチ力が身につ
けられるようにしました。
　エントリーした生徒たちは、「これまで国語科で取り組んできたビブリオバトルを、
英語で行うことができたという達成感があった」「自分のお気に入りの本を、授業内
だけでなく、たくさんの一般（大人）の方々に紹介することができたという充実感が
持てた」「（聴衆者として参加していた）一般の方から『あなたの紹介した本を早速読
んでみるよ』と声をかけてもらえたことが、とてもうれしかった」「次回も是非、英
語ビブリオバトルに参加したい」等の感想を持ったようです。このイベントを通して、
ビブリオバトルのキャッチコピーでもある「人を通して本を知る、本を通して人を知
る」を、英語を通しても実感できたことでしょう。
　今後、英語教育においては、即興的なコミュニケーション力の育成が大切になって
きます。「英語ビブリオバトル」は、自分の考えや意見を整理して、人前で「発表」
する機会と、ディスカッションの時間における聴衆との双方向での「やり取り」の機
会を持つことができるもので、授業における子どもの言語活動の充実を図る上で、積
極的に導入していくべき活動であると思います。今回の取り組みを基盤として、「英
語ビブリオバトル」を市内の学校の共通の取り組みへと拡充し、草津市の特色ある教
育実践の一つとして確立させていきたいと考えています。そして、「読書が好き」で「英
語が好き」な児童・生徒の育成に取り組むとともに、ビブリオバトルの実践を草津市
からもたくさん発信していけるよう、その推進に向けて、より一層尽力していきたい
と思います。

「くさつビブリオバトル　英語の部」での実践

立命館大学 准教授　近藤雪絵

1．開催までの経緯

　くさつビブリオバトルは、2013年に「くさつビブリオバトル2013 みなくさの陣」と題した第一回を開催して以来、毎年秋に滋賀県南草津で開催される、草津市の恒例イベントです。小・中学生の部、大学生の部、一般の部、英語の部と、さまざまなグループによるビブリオバトルが朝から夕方までくり広げられ、子どもから大人まで楽しめるイベントで、2019年には250人以上を動員しました。英語の部は2014年の第二回より導入されました。英語の部は参加者の年齢や所属の指定はありませんので、後述の「『英語でビブリオバトル』大学生の実践」（pp.55-62）での経験を踏まえ、できるかぎりさまざまな年齢・職業・所属の人が参加できるように工夫をしました。

2．立ち上げ期（くさつビブリオバトル2014）

　くさつビブリオバトル2014（主催：立命館大学、草津市教育委員会、他　写真1）は、立命館大学BKC開設20周年記念事業および草津市市政60周年連携事業の一環として、2014年11月15日（土）に立命館大学びわこ・くさつキャンパスで行われました。
　英語の部には立命館大学の学生4名と社会人1名が参加し、学生のうち3名はこれまでに「英語でビブリオバトル」に2回以上参加したことのある経験者でした。これまでの「英語でビブリオバトル」は比較的小さな会場で、限られた人数のオーディエンスの中で行っていましたが、今回は開かれたイベントであるためバトラーの緊張が増すであろうと予想していました。しかし、バトラーの英語力は比較的高く、またプレゼン経験も豊富であったため、堂々とした発表が見られました。学生にとっては会場が普段使用している教室であったため、緊張が緩和されたとも考えられます。
　実施後にバトラー5名にアンケートを行いました。参加に向けての準備状況としては、準備時間がこれまでの「英語でビブリオバトル」は数日から1週間かけて行ったという報告があったことに比べ、数時間から1日と短い傾向がありました。

Q　何をどのくらい準備しましたか？（所要時間を申告した場合はカッコ内に記載）
A．（本の選定、内容の準備、原稿作り、練習を）1〜2時間
B．（本の選定、原稿作りを）2時間
C．内容の準備（1時間）、練習（1時間）
D．本の選定（1週間）、内容の準備（4時間）
E．原稿作りと練習（1日）

　今回参加した「英語でビブリオバトル」で何を得たか／何をむずかしいと感じたかを尋ねる問いには、興味深いことに、どちらの問いに対しても「時間配分」という回答が複数あがりました。今回はゲーム性を出すため、少しでもバトラーが時間を余らせると、司会者が "You still have X seconds left."（まだあと X 秒ありますよ）などと声をかけたり、バトラーが "Thank you." と述べることで発表を締めくくっても、オーディエンスがタイマーのベルが鳴るまで拍手を待ったりしたため、バトラーがアドリブで時間を埋める場面が多数見られました。このため、ライブ感が大変強いゲームになりましたが、バトラーにとっては時間が余ったことが反省点として印象に残ったようです。しかし、これを「むずかしい」と感じただけでなく、経験により「得た」ものと捉えているところに、ビブリオバトルに対するポジティブな意識が伺えました。

Q　今回の「英語でビブリオバトル」で何を得ましたか？

・時間配分のむずかしさ（2名）

・度胸や意欲

・しゃべることに対する自信

・英語を勉強しなくてはいけないなと感じたこと

Q　今回の「英語でビブリオバトル」で何をむずかしいと感じましたか？

・時間配分（3名）

・表現したいこと、思っていることを伝えること

　事前の予想・期待とちがっていた点を尋ねる問いからは、参加者の数に関する回答が多くみられ、コミュニティのイベントとして想像する規模は人によって異なることがわかりました。今回、「英語でビブリオバトル」としては初めての大きなイベントの中での実施でしたが、普段のカジュアルなビブリオバトルになじんでいる参加者にとっては観客数が多く感じたでしょうし、ステージでの催し（ダンスパフォーマンス、バンドの演奏など）を想像していた参加者にとっては少なく感じたでしょう。この感覚のズレを解消するためには、くさつビブリオバトルをコミュニティのメンバーにとって定着したイベントにすることが重要であると考えました。

Q　今回の「英語でビブリオバトル」で事前の予想・期待とちがっていた点は何ですか？

・観客が少なかったこと（2名）

・学生の参加数（が少なかったこと）

・観覧者が多くて驚きました

・まわりの英語能力が高かったこと

　最後に、今後も「英語でビブリオバトル」に参加したいかという問いには、全員が「参

加したい」と回答し、それはうまくなりたい、改善したいという気持ちからであることがわかりました。また、「他の人の話を聞いてみたい」という回答からは、「人を通して本を知る／本を通して人を知る」というビブリオバトルのコンセプトが伝わっていることが伺えました。

Q 今後も「英語でビブリオバトル」に参加したいですか？ また、その回答の理由は何ですか？

・もっともっとうまくなりたいので参加したいです。また英語にふれる貴重な機会なのでこれからも続けたいと思います。
・もう少し上手にできるだろうと思っていました。次はもう少し上手にやりたいので、今後機会があれば参加したいです。
・参加したいです。英語力を向上させたいから。

写真1　くさつビブリオバトル 2014　英語の部

・参加したい。まだまだ自分の改善点があると感じたから。
・参加したい。もっと他の人の話を聞いてみたい。

3．定着期（くさつビブリオバトル 2015 ～ 2018）

　くさつビブリオバトル 2015 ～ 2018（主催：立命館大学、草津市教育委員会、他）は「みなくさまつり」（22 ページ参照）の一環として、フェリエ南草津 5 階市民交流プラザで開催されました。この 4 年間は、毎回立命館大学の学生と社会人の混合で行えるように工夫しました。特筆すべき点は、立命館大学からは、教員だけでなく職員のバトラー参加があったことです。教員はこれまでにも「英語でビブリオバトル」に参加することがありましたが、職員が参加することで大学全体で取り組んでいることや、ビブリオバトルは職業にかかわりなく楽しめるゲームであることを他の参加者にも感じとってほしいという思いから、職員にも参加を呼びかけたのです。また、生涯学習として英語学習を続けている社会人からの参加もありました。イベント後の談話から、学生は社会人から、社会人は学生から、それぞれに学びがあったと感じられました。

　くさつビブリオバトル・英語の部は、みなくさまつりの一環として 4 年間、同じ会場で開催することにより、恒例のイベントとして定着してきました。この間に、会場に関して改善を加えました。2015 年～ 2018 年は大きな会場の

写真2　くさつビブリオバトル 2015　英語の部

ステージに演壇を配置していました（写真2）。しかし、これではオーディエンスとの距離が遠く、スピーチコンテストのような雰囲気となるため、バトラーがライブ感を持ってオーディエンスとコミュニケーションするのはむずかしく、質問もでにくいようでした。そこで、2017年には演壇をなくし（写真3）、2018年にはステージのない小さめの部屋に会場を移しました（写真4）。2018年には、これまで出にくかった質問も多く出るようになりました。ビブリオバトル首都決戦のような大規模な大会は別ですが、コミュニティのなかでの人と人との交流や、英語学習・読書の啓発を目的に行う「英語でビブリオバトル」は、オーディエンスとバトラーを遮るような演壇やステージの段差などは可能な限りなくし、コミュニケーションがとりやすい環境を作ることが大切だと感じました。

写真3　くさつビブリオバトル 2017　英語の部　　写真4　くさつビブリオバトル 2018　英語の部

4．転換期（くさつビブリオバトル 2019）

　2019年はバトラーとしての中学生の参加があり、くさつビブリオバトル英語の部にとっての転換期となりました。中学生の「英語でビブリオバトル」への参加に先立ち、草津市立松原中学で実践されている Book Talk in English の授業見学をしました。私が受けた印象として、まず中学生がジェスチャーを使いながら活き活きとした表情で発表していたこと、全員が入念に準備されたプレゼンに自信を持って話していたこと、オーディエンスが発表者の問いかけや呼びかけによいリアクションを行っていたことに、大変感銘を受けました。またどの発表からも、本の基本情報だけでなく、発表者の熱意が伝わりました。（pp.22-28）

　Book Talk in English ではタブレット上に自作のスライドを映し、それを見せながら話すことが重要な要素になっていましたが、「英語でビブリオバトル」ではルールに則り、スライドなどは使用せずに話してもらいました。また、くさつビブリオバトル 小・中学生の部（日本語）が3分間のミニ・ビブリオバトルを採用していましたので、それに準じて3分間の「英語でミニ・ビブリオバトル」にしました。

　中学生のみで英語の部を行うのも一つの案でしたが、参加者の属性を混合にすることをこれまで大切にしてきましたので、前年度のチャンプ本を紹介した社会人のバト

ラーとともにビブリオバトルを行いました。中学生にとって、英語がうまい大人のバトラーが自分と同じバトルに参加することでよい刺激を受けたのではないかと思います。チャンプ本は中学生バトラーが紹介した本になりました。

▼くさつビブリオバトル 2019 英語の部を振り返って

3分間の「英語でミニ・ビブリオバトル」にすることで、中学生も無理なく発表することができました。また、英語を聞くことになれていない一般のオーディエンスにとっても、3分間は集中力が十分に続く時間でした。

また今回は、中学生にとっては学校で取り組んできた活動の発展型となりました。このように、学内で取り組んだ活動の先に、よりレベルの高い活動がコミュニティにあることにより、学習のモチベーションになると考えられます。他方で、読みたい本を選ぶという点で、大人のバトラーは中学生にも無理なく読める本を選ぶことになります。この点で、自分が読みたい本に出会うことをビブリオバトル英語の部への参加の第一目的とするのはむずかしいかもしれません。今後は、中学生の参加者のみにするか、中学生、高校生、大学生、社会人など、よりバラエティをもたせたグループにするかなどの工夫が必要となります。

今回は、中学生が参加することで、午前中に行われた小・中学生の部のオーディエンスに続けて見てもらえる機会となりました。みなくさまつりでは子どもや家族に向けたイベントが数多く行われていますので、中学生から大人までが参加する「英語でビブリオバトル」を学習者・教育者以外のオーディエンスにアピールできる機会となります。英語でビブリオバトルをコミュニティで発展させることにより、学校という空間を超えて普及できる可能性があります。

5．さらなる発展に向けて

コミュニティでビブリオバトルを発展させる場合、そのコミュニティを構成するさまざまな所属の人に参加してもらうことに加え、コミュニティで行われている別の活動とかかわりを持たせたり、学習の延長線上にある活動とすることが定着の肝になると考えられます。くさつビブリオバトル英語の部の場合、みなくさまつりの一環となること、大学生だけでなく、社会人や中学生の学習の延長線上の活動となったことが評価できる点でしょう。

【参考サイト】
木村修平．ビブリオバトル普及委員会 2014 年度活動報告書．ビブリオバトル普及委員会
http://www.bibliobattle.jp/aboutus/2014report
草津市．（2019）．英語と ICT とビブリオバトル
https://www.city.kusatsu.shiga.jp/citysales/miryoku/column/h31_R1/20191024143043342.html

3

「洋書ビブリオバトル」実践例

豊島岡女子学園中学校高等学校 司書教諭　髙司陽子

1．読書週間企画としてのスタート！

　本校では、2014年度に初めて校内で「洋書ビブリオバトル」を実施しました。これはもともと、毎年読書週間に「ネイティブの先生と洋書について話そう」という企画で行っていたものを、3年目にリニューアルして「洋書ビブリオバトル」にした経緯があります。

　「洋書ビブリオバトル」のルールは、日本語での正式ルールを少し緩めた3分間で行うミニ・ビブリオバトルを英語で行うというものです。ビブリオバトルの正式ルールは「5分間」で本を紹介しますが、今回は時間のないなか、また英語という敷居を低くするため、「特別ルールとして3分間」というかたちをとりました。

　実施にあたっては、当初放課後を考えていましたが、「なるべくたくさんの生徒に来てほしい」という生徒たちからの提案のもと、集まれる時間を絞っていくと「昼休み」しか残っていません。12：20に4時間目が終了して、そこから13：05までの間に生徒たちは昼食を取り、委員会などをこなしています。この短時間に開催できないかと考えました。本校は中学校と高校が同じ図書館を利用していることもあり、また敢えて中・高を別にしないことで他学年からの刺激が得られるのではないかと考え、一緒での開催としました。

　第1回は、ネイティブの英語教員2名が洋書 *Frozen*、*Harry Potter* を紹介して勢いをつけてから、*Frog and Toad All Year* を高1のHさん、*The Hunger Games* を高2のOさんが紹介。短い時間ながら英語での質問を行い、途中日本語も交えながら和やかに進行されました。最終的には高校生に交じって紹介した中3のDさんの *Rebecca* がチャンプ本に選ばれ、初の試みに生徒たちが瞳をキラキラさせていたのが印象的でした。

　見学に来た中学1・2年生、高校1年生からは「楽しかった。英語もとても上手で驚いた。もっと洋書をたくさん読んでみたくなった」という感想がありました。「どの場面が印象的ですか？」や「どのキャラクターが好きですか？」などの英語での質問があがり、バトラーへの質問に即座に英語で返答する場面は、初回とは思えないよ

洋書ビブリオバトル

うな活気ある雰囲気となりました。この会をはじめるにあたり、ネイティブの教員には予め、簡単な質問をたくさんして盛りあげてほしいとお願いしていました。しかし終了後には、「私たちが質問をしなくても、生徒からどんどん質問があがり、びっくりした」とコメントされ、それまでの心配は杞憂となりました。集まった生徒たちが積極的な子が多かったということもあり、よいスタートを切れた初の会となりました。

2．第2回目の実施

　第1回目に参加した生徒から、次回予定の秋までにもう1度やりたいとのリクエストがありました。そこで、図書館で一番図書の貸出数が多くなる6月に「第2回洋書ビブリオバトル」を行うことにしました。当時のこの時期は、定期考査や行事がないため、生徒が落ち着いて図書館に足を運べる時期でした。

　前回とはちがって放課後を設定したため、英語で5分間、その後2分間の質疑応答時間を設けることができました。ネイティブのM先生の司会で会は進行し、バトラーは高1のMさんが *PRINCE WILLIAM & KATE MIDDLETON*、中3のKさんが *The Dragons of BlueLand*、ネイティブのG先生は *JAMES AND THE GLANTPEACH*、中3のMさんの *LIFE ON THE REFRIGERRATOR DOOR* でした。初めて出場してチャンプ本に選ばれたMさんは「英語で本を紹介することができ、また知らない洋書を知ることができるよい機会だった」と感想を話してくれました。見学した生徒からは、「アドリブでどんどん話していて、とても格好よかった。一気に洋書に対する興味が湧いた。今日は1冊借りて帰ります！」という感想が聞かれました。

チャンプ本に選ばれた人は本を頭の上に掲げるのがお約束

　このように６月と11月の年２回の「洋
書ビブリオバトル」を毎年行って、５年
が経ちました。参加人数（参加者見学者
含め）は開催できるギリギリの人数の時
もありますが、数人のやる気ある生徒た
ちによって継続しています。この継続性
を保つために行っていることは、図書館
はもとより、廊下や校内で関係する生徒
に会った時には私から、「今度いついつやるから考えておいて！」と声かけをしたり、
「○○ちゃんにも伝えておいて！」などかなりアナログな方法で、忘れられないよう
にしています。また秋の会終了後には翌年６月のアナウンスをし、４月ごろから校内
でのポスター宣伝や募集をし、常に生徒たちに呼びかけることを徹底しました。

　ある年は２日連続で実施しました。１日目は *Chicken Soup for the Soul*、*THE TRUE
STORY OF THE 3 LITTLE PIGS!*、*Almost Home* が紹介されました。また、２日目は新
人戦で４名が参加。*Miss Daisy Is Crazy!*、*THE COUNTRY DIARY OF AN EDWARDIAN
LADY*、*ROSCOE RILEY RULES#1*、*Matilda* が紹介され、チャンプ本には中２生徒が発
表した *THE COUNTRY DIARY OF AN EDWARDIAN LADY* が選ばれました。両日とも
に見学を含め20名ほどが集まり、「聞き取りやすく、なんとか話の流れがわかった」「英
語での質疑応答がすごいと思った」などの感想がありました。

3．2015 年　校外合同ビブリオバトルで洋書チームができた！

　ここ数年、わが校と中高私立一貫校（渋谷教育学園渋谷・渋谷教育学園幕張・市川学園・広尾学園）で、春と夏に合同ビブリオバトルを行っています。これは対外試合のようなもので、読売新聞社主催ビブリオバトル全国大会の校外活動の予行練習の場となります。生徒たちにとっては、どちらかというと読書好きが集まるお楽しみ会のような時間です。それに加えて渋谷教育学園渋谷中学高等学校（pp.16-21）での夏の3校合同ビブリオバトルでは2015年7月から「洋書部門」がスタート。その「洋書ビブリオバトル」は、帰国子女が多く集まり、校外生徒と洋書でふれ合える唯一の場です。第1回目の「洋書部門」に参加したSさんはその後、校内での洋書ビブリオバトルを継続させるため、「どうしたら後輩たちが興味を持ってくれるだろうか？」と悩み、図書館へ何度も相談に来たり、友人たちと話し合いを持ったりしてくれました。現在も続いているのは、彼女のお陰といえるでしょう。

　そしてあくる年の2016年、帰国子女ではない高1のMさんが、*LIFE ON THE REFRIGERRATOR DOOR*（by Alice Kuipers）で見事チャンプ本に選ばれたのです。帰国子女の流暢な英語力には及ばずとも、そのなかでの大健闘の成果は称賛に値するでしょう。彼女は2018年度に本校で唯一、イギリスの大学へ進路を決めた生徒となりました。忙しい時間のなか、数少ない場を最大限に有効活用して自らを高めていった姿は、今では後輩たちの憧れとなっています。当時を振り返ったMさんのコメントを紹介します。

　私は中学2年生から高校2年生まで継続的に洋書ビブリオバトルに参加させていただきました。はじめたきっかけは、英語が好きで、オックスフォードの薄い英語学習向けの洋書のシリーズを借りていたところに、司書教諭の髙司先生に声をかけていただき、誘っていただいたことでした。私は英語学習を中学1年生の時にゼロからはじめたので、5分間英語でスピーチをするのはなかなかハードルが高いと感じ、最初は原稿を覚えて臨みました。

　今はイギリスの大学の学士課程に在籍しています。大学では読む量がとても多くて、1回の授業のために最低でも20ページは読まなければいけないので、ビブリオバトルを通して英語を読むことに慣れていたのが役に立ちました。

　慣れるまでは、洋書を1冊読み切るのはなかなか大変なので、「ビブリオバトルまでに読み切る」と目標を立てることによって、あきらめずに1冊読み切れるようになりました。日本ではまだ出版されていない海外のベストセラーを読むのも面白いし、日本語で読んだことがある本をもう一度別の言語で読むのも面白いです。言語がちがうと考え方も変わるので新たな発見があると思います。中・高生のときに、本を通して新たな世界を知ることは、かけがえのない経験だと思います。　　　　　（M・M）

また、高1生徒の *Girl with a Pearl Earring*（by Tracy Chevalier）が同時チャンプ本になりました。この合同洋書ビブリオバトルの活動は、「2016 IASL国際学校図書館協会東京大会」にて、渋谷教育学園渋谷の前田先生・渡部先生と合同発表しています。

		English Bibliobattle　Title　（1例）	
1	Kさん	*"The Terrorist's Son：A Story of Choice"* by Zak Ebrahim	渋谷
2	Iさん	*"The Gift"* by Cecelia Ahern	渋谷
3	Yさん	*"What Money Can't Buy"* by Michael J. Sandel	渋谷
4	Hさん	*"The Graveyard Book"* by Neil Gaiman	豊島岡
5	Mさん	*"Life on the Refrigerator Door"* by Alice Kuipers	豊島岡

4．Let's enjoy English Bibliobattle！

　これらの企画は、さまざまな校内行事や委員会などの合い間を縫って実施しています。生徒たちは部活・学習にと多忙な生活をしていますが、読書活動をはじめとする図書館の諸活動に、元気よく挑戦してくれます。この他にも、本校の図書館3大活動として「読み聞かせボランティア」（12年目になる豊島区立中央図書館での活動）「哲学カフェ」（立教大学河野哲也教授による8年目の活動）などがあります。これらは年に3回〜6回定期的に行われる、有志参加のものです。読書愛好会メンバーが主に日本語版ビブリオバトルのメンバーですが、こちらは部活ではなく、本好きの集まる不定期の会となります。これらすべてが、生徒たちの主体的な活動の場としての仕掛けづくりになっています。

　英語のビブリオバトルは少し背伸びをする企画なだけに、決して一度に大勢の生徒を集められるものではありません。現状は細く長く、この楽しさを浸透させていけたらとの思いでつないでいます。しかし、これからはじめてみようかと思われている先生方には「ぜひ！一度でいいからやってみてください！」とお伝えしたいのです。数人でもよいので、なんとか興味を持ちそうな生徒たちに声を掛け、実施できればしめたものです。「うちの学校でできるかしら？」と思ったら、まず教員がやって生徒たちの反応を見て、次回のことを考えてみてはどうでしょうか。戸惑いながらも生徒たちと一緒に楽しんでいる姿を見せていくことが、校内での一番の宣伝活動にもつながると信じています。

4

英語多読と組み合わせた
ミニ・ビブリオバトル

元・沼津工業高等専門学校 教養科 准教授　藤井数馬

1．はじめに

　私は、担当する一部の英語の授業で4年ほど前から発表が3分間であるミニ・ビブリオバトルを取り入れています。これは、学生の英語運用能力向上のための指導の一環という位置づけで行っているもので、履修学生全員を対象に英語で実施しています。ここでは、高等専門学校（高専）3年生（高等学校3年生と同学年）の1クラス46名を対象にして英語ミニ・ビブリオバトルを行った際の指導方法、学生たちの取り組みや反応、成果や課題などを紹介します。

　この実践では、英語ミニ・ビブリオバトルを、英語の多読という活動と組み合わせて行っています。多読と組み合わせたのは、「人を通して本を知る・本を通して人を知る」という本来のビブリオバトルのコンセプトに沿って実践しながら、学生の英語運用能力向上につなげることを目的に、以下の3点を検討したからです。

（1）英語指導について

　発表者の英語を聞き手に伝わる水準のものにするためにどう指導すべきかを検討しました。母語である日本語で行う場合と比べると、英語での実践では聞き手の注意が言語理解に対して強く向けられてしまいます。ただ、この注意が強すぎてしまうと、本への関心が弱まってしまったり、本を通して発表者を知ろうとする余裕がなくなってしまったりすることがあり得ます。プレゼンテーションでは聞き手にメッセージを届けることが重要であることを考えれば、発表で使う英語の文法や語彙の使い方がある一定の水準に達しているだけでなく、聞いてわかりやすい平易なものにする必要がありました。

（2）読書指導について

　日本語、英語問わず、学生全員に必ずしも豊富な読書経験があるわけではないことを考慮する必要がありました。特に注意したのは、読書経験が少なく、英語に苦手意識を持っている学生です。すすめたい本がないなかで、仕方なく英語でプレゼンテーションをするという状況を作らずに、すべての学生にとってミニ・ビブリオバトルが英語への自信につながる意義ある場にしたいと思いました。そのためには、普段からたくさん本を読ませ、書評できる本の選択肢を広げる活動と組み合わせる必要性を感

じました。

　また、英語でプレゼンテーションを行うことへの橋渡しとして、英語の本を普段からたくさん読む指導を組み合わせることが有効だと考えました。

（3）評価について

　授業でミニ・ビブリオバトルを取り入れる場合、その目的や到達目標だけでなく、どのように評価するのかを明確にして、学生にも説明しなければなりません。この活動を英語教育のカリキュラムやシラバスの中でどう位置づけ、その後の英語学習につなげるのかを検討する必要がありました。

　以上の３点を考慮し、多読と組み合わせて英語によるミニ・ビブリオバトルを行うことにしました。平易な英語の本を普段からたくさん読ませて書評することができる本の選択肢を広げた上で、その平易な英語を使ってミニ・ビブリオバトルを行う。そしてこの機会を英語に対する自信の構築と、新しい本との出会いの場にして、その後の英語学習につなげていくことで英語運用能力を高めていく、という一連の流れを描けたからです。

２．多読と組み合わせたミニ・ビブリオバトルの特長

　多読とは、文字通り多くの英語を読む活動のことを指します。外国語を習得するためには、その言語にたくさんふれることが重要だといわれていますが、日本では英語にふれる機会は一般的にあまり多くありません。その環境のなかでも多くの英語にふれられる学習法として、多読が注目されています。

　英語で多読を可能にするためには、「何を、どのように読むか」が重要になります。つまり、もし自分にとってむずかしいレベルの英語を読んだ場合、英文の意味を理解するためには、文法や語彙に気をつけ、辞書を引きながら、ゆっくり読んでいかざるを得ません。このような精読は、大学入試や大学入学後の論文や専門書の読解の際に力を発揮しますが、多くの英語にふれたり、気軽に読書する楽しさを味わったりすることには不向きです。そこで、多読では精読とは異なる方針に従って読むことになります。

　日本で広く取り入れられている「多読三原則」（酒井, 2002）[※1] では、**① 辞書は使わない、②わからなければ飛ばして読む、③つまらなければその本をやめて他の本を読む、**という読み方がすすめられています。端的にいえば、辞書を使わなくてもすむ程度のやさしい英語の本を、楽しみながら気軽にたくさん読むことを推奨したものです。そして、たくさん読むなかで英語を英語として捉えられる（和訳しない）習慣を身につけながら、徐々にむずかしい本に向かって英語力を高めていく学習法です。実際の指導としては、高専生や高校生を対象にした多読の初期段階では、１ページに数語程度しか書かれていない非常にやさしい本（例えば、*Oxford Reading Tree* シリー

ズの1冊50語〜300語程度の分量の本）※2から入り、このレベルの本をまずは多く読ませることが一般的です。

　英語でミニ・ビブリオバトルを実践する上で多読と組み合わせることが有効だと考えられるのは、どの学生に対しても一定の英語読書体験を持たせることができるからです。そして、平易な英語をたくさん読むことで、平易な英語で発表するための素地を養うことができるからです。すなわち、多読で出会った表現が、発表する際の良質なサンプルとしてストックされていくことが期待できます。さらに、ミニ・ビブリオバトルを通して、これまで手にしなかった本と出会い、その本の魅力を他者の視点から知ることは、「人を通して本を知る・本を通して人を知る」機会となるだけでなく、その後の英語学習や多読への継続にもつながるでしょう。

　以上のように、英語ミニ・ビブリオバトルを実践するに当たって多読と組み合わせることには、いくつかの特長を見出すことができます。その特長の一つである英語でのプレゼンテーションへのつながりと、ミニ・ビブリオバトル後の英語学習へのつながりを考え、本実践では「書評する本は多読で読んだ英語の本の中から選ぶ」ことを原則として学生に伝えました。

3．ミニ・ビブリオバトル実施まで

（1）英語多読の実践

　A高専3年生1クラス46名を対象に、2016年度の前期終わり（9月）と後期終わり（2月）の2回、ミニ・ビブリオバトルを実践しました。

　A高専における3年生の英語の授業は、週に2コマ（180分）あり、このうち30〜40分間を

写真1　図書館での多読授業風景

多読にあてました。多読は学校の図書館で行い（写真1）、A高専の図書館に所蔵されている多読図書約4,500冊のうち、辞書を使わなくても楽しめるレベルの本をたくさん読むように指導しました。本を読み終わるごとに、多読記録用紙（次ページ表1）に、読んだ本の語数、シリーズ、YL（Yomiyasusa Level：その本の難易度を表す指標）、これまで読んだ累計語数などを記録するよう指導し、各学生の多読状況を把握し、必要に応じて指導できるようにしました。

　このような多読指導を行い、3年次最初から前期終わりの9月末時点で平均40,862語、26冊、後期終わりの2月末時点までの累計で平均79,484語、48冊を読んだなかでのミニ・ビブリオバトルの実施になりました。このように、多読によって、ある一定量の平易な英語をインプットする機会を設け、一定冊数の読書経験を提供した上で、英語でのミニ・ビブリオバトルにつなげました。

表1　多読記録用紙（A4 サイズもしくは B4 サイズに拡大して使用）

英語多読記録用紙　No.(　　)

★英語読書の三原則
1．わからなところは飛ばして読む　2．辞書は使わない　3．つまらなければ、その本をやめて他の本を読む（楽しく読む）

No.	年	月日	授業内／外	タイトル	シリーズ名	YL (平均)	評価 ◎／○／△／×	多聴 ○／×	本の語数	これまで読破した総語数	感想、メモ

（2）ミニ・ビブリオバトルに向けての準備

　前期終わりの9月に実施するミニ・ビブリオバトルに向け、5月にはその基本ルールを説明し、学生の準備のために、ミニ・ビブリオバトル当日に何をすればよいのかを明確にしました。学生全員が9月には英語で発表することになるという意識をこの時点で持たせ、この活動を行う目的と、その目的に応じた評価方法も説明しました。具体的には、声の大きさ、発音の明瞭さ、アイコンタクトという3つの観点から評価を行うことを伝えました。そして、ミニ・ビブリオバトルでは他の学生に紹介したい本を選ぶことが重要であることを伝えた上で、これまで多読で読んだ英語の本の中から1冊選ばせました。この説明の際、発表のイメージがつかみやすいように、私も多読図書1冊を選び、学生の前で3分間の発表を英語で行いました。

　前期は6月中、後期は12月中に、書評する本を履修学生全員に各1冊決めさせ、その後、約1カ月間を原稿作成の期間としました。通常のビブリオバトルは原稿の作成を奨励していませんが、英語教育の一環として作成しました。原稿作成にあたっては、最終的には3分間のプレゼンテーションのために、300語程度の英語原稿を準備するよう伝えた上で、宿題として日本語の原稿をまず書かせました。その上で、その原稿を英語に直させるという指導をとりました。高専生を対象にした場合、聞き手にわかりやすい英語で原稿を作成させるためには、すべてを授業外課題とするのではなく、授業を使っての支援も必要と考えられます。ただ、その支援を指導者が一方的に行うのではなく、学生に主体的、協働的にこの活動に取り組んでほしいと考え、英語原稿作成や音読練習の際にはグループワークを取り入れました。

グループワークでは、クラスを４〜５人ずつのグループに分け、バトルをする前まで同じグループで作業をさせました。日本語原稿を英語に直す際、わからないところがあれば、グループの中で互いに相談させながら取り組ませました（写真２）。

英語で300語程度の原稿を作成することは、多くの学生にとって初めて

写真２　グループワークでのようす

の経験でした。その困難を乗り越えるための一つの取り組みがグループワークですが、その他の支援としては、英語多読図書内の表現を一部変えて活用したり、効果的と思えば引用したりすることをすすめました。さらに、本を紹介したり、感想を伝えたり、すすめたりといった場面ごとに使える英語表現を「英語ミニ・ビブリオバトル表現集」[※3] としてまとめてウェブ上で公開し、必要に応じて参照していいことを伝えました。このようにして、授業でグループワークを通して英語原稿を作成させ、授業内で終わらない部分は宿題としました。

英語原稿が一通り仕上がったら、グループ内のメンバーと原稿を交換し、原稿のチェックを行いました。このチェックの目的は、他の学生から見て適切に伝わる英語になっているかを確認し、自分では気づかなかった点を指摘してもらい、自分たちの力で原稿をブラッシュアップすることにあります。また、他の学生の原稿を読むことで自分の原稿を振り返る機会となり、自分でよりよいものに修正することも期待しました。原稿チェックの際には、読んでいて内容がわかるかどうかに加え、よく見られる文法のエラー（例えば、冠詞、前置詞、時制、単複の選択など）をチェック項目として指定し、注意するように伝えました。多くの学生にとって、聞き手に伝わる英語で書けているかを自分１人で判断することはむずかしいでしょう。しかし、学生間の原稿チェックを入れることで、自分の原稿をもとにしたプレゼンテーションが他の学生に伝わるかどうかを知ることができます。

ここまで終わった段階で原稿を回収し、大きなエラーが見られた場合は下線を引いたり、記号を使ったりして修正箇所を指摘し、どのように修正すればいいかは再びグループで考えさせ、原稿を完成させました。ここまでを、前期であれば夏休み開始前までに、後期であれば１月までに終え、ビブリオバトルまでの２〜３週間を音読練習に当てました。

音読練習の際には、ミニ・ビブリオバトルでは基本的に原稿は持ち込まないことを伝え、くり返し音読するよう伝えました。前期はバトル当日までに夏休みを挟んだので、音読を夏休みの課題の一部とし、後期は１月〜２月にかけて十分に音読練習をさせました。音読は自宅で行わせることを基本としましたが、グループでも本番前に時間を測ってリハーサルをさせました。

4．ミニ・ビブリオバトル当日

　当日は、これまで原稿作成、音読練習をしてきたグループとは異なる4人〜5人ずつで編成される新しいグループで着席させ、ワークショップ形式で行いました。これは、バトル当日はどんな本が紹介されるのかを知らない状態で、新しい本と発表を楽しんでもらいたいと考えたからです。

　なお本実践では、原稿の持ち込みは禁止しませんでした。結果、学生たちの発表はさまざまでしたが、ほとんどの学生にとっては初めてとなる英語での発表を思い切って行い、ディスカッションの際にも、時に「ミニ・ビブリオバトル英語表現集」の中に書かれたQ&Aの例を参考にしながら何とか乗り切りました（写真3、4）。

写真3　ミニ・ビブリオバトル授業　　　　　写真4　ミニ・ビブリオバトル授業

　各グループでチャンプ本が選ばれ、ミニ・ビブリオバトルが一通り終わったところで、自分の発表の時の声の大きさ、発音の明瞭さ、アイコンタクトなどに関して振り返りシートを使って省察させました。さらに、①ミニ・ビブリオバトルは意義ある活動となったか、②グループ内で協力して原稿や音読準備ができたか、③他の学生の紹介した本に関心を持ったか、④楽しい活動だったか、の4項目についてアンケート調査をしました。図1は後期の結果ですが、90%を超す学生がミニ・ビブリオバトルを意義ある活動と認め、80%以上の学生が他の学生が紹介した本に対して関心を持ったと回答し、70%以上の学生がミニ・ビブリオバトルを楽しんで、グループ内で協力して準備ができたと回答しました。英語でのミニ・ビブリオバトルは、多くの学生から意義がある楽しい活動として支持されたことがわかります。

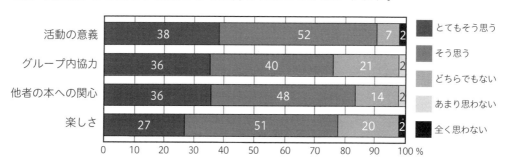

図1　後期英語ミニ・ビブリオバトルに対する学生の意義

5．ミニ・ビブリオバトルを終えて

英語教育という観点から考えれ
ば、ミニ・ビブリオバトルが英語
学習の最終的なゴールではありま
せん。この経験をその後の英語学
習につなげていく指導が必要です。
そのための工夫として、チャンプ
本に選ばれた本の表紙にはシール
を貼付し、チャンプ本を図書館の
一角にまとめてチャンプ本コーナ

写真5　チャンプ本コーナー

ーを作り、その傍にチャンプ本を一覧にしたポスターを掲示しました（写真5）。
　こうすることで、他のグループやクラスで選ばれたチャンプ本が図書館利用の際に
わかり、ミニ・ビブリオバトル後の多読継続につながることを期待しました。実際、
アンケートの結果によれば、45％の学生が前期のチャンプ本を後期終了までに読ん
だと回答し、一定の効果はあったようです。

6．ミニ・ビブリオバトルの英語教育上の意義と今後の課題

　最後に、英語でミニ・ビブリオバトルを実践することの意義について田中（2017）※4
の主張に基づき考察し、今後の実践で改善すべき課題をまとめます。田中によれば、
英語教育を成功に導く重要な条件として、扱う言語材料や言語活動が学生にとって
meaningful な（意味や意義がある）もので、authentic な（本物・真正な）もので、
personal な（自分事として感じられる）ものである必要があることを説いています。
　本実践をこの3つの観点から考察してみると、まず多読によって authentic な言
語材料を多く与えることができました。しかし、多読が学生にとって personal で
meaningful な活動として機能したかどうかは、学生個人の意識に拠ってしまいます。
しかし、ミニ・ビブリオバトルを行うことで、読んだ本の中から自分にとって意味合
いの大きい1冊を選び、その大きな意味合いの理由を考え、その考えを自分の英語で
表現する必要性が生じました。そして、意味づけが与えられた本を自分の英語で発表
するミニ・ビブリオバトルという活動を、多くの学生は意義あるものとして受け取り
ました。多読と組み合わせた英語ミニ・ビブリオバトルは、田中（2017）の指摘す
る3要素を満たす言語活動事例として考えられるもので、今後多くの教育機関での実
践として波及していくことを期待します。
　今後の課題としては、原稿を持ち込ませないで発表させる指導を探究する必要があ
ります。本実践では原稿を持ち込むことを禁止しませんでした。それは、この機会を
英語で発表できたという自信構築の場にすることが、その後の英語学習において重要
だと考えたからです。本実践におけるほとんどの学生は、それまでに英語での発表経

験がなく、初めての英語プレゼンテーションとして、ミニ・ビブリオバトルを行いました。もちろん、原稿の持ち込みが禁止だったとしても、堂々と発表できた学生もいたでしょう。しかし、原稿が手元にない状況では、初めて英語で発表することに強い不安を感じた学生もいたかもしれません。もしこのような学生が、発表の時に英文が出てこなかったり、あるいは英語での発表自体を諦めてしまったりして、この経験を「失敗」や「挫折」として意味づけてしまえば、その後長く続く英語学習に悪影響を与えてしまう可能性があると懸念しました。

　コミュニケーション活動としてのミニ・ビブリオバトルは、スピーチとは異なるものです。ただ、外国語である英語で行う場合、母語で行う場合には生じない言語の問題が生じてきます。特に、授業などで全学生に行う場合、程度の差こそあれ、何かしらの支援や指導が不可欠です。その支援や指導をどのように行えば、本来のコンセプトに沿いつつ、学生の英語運用能力向上につなげられ、よりよい実践につなげられるのかを今後の課題として、これからも学生と一緒にミニ・ビブリオバトルを楽しんでいきたいと思います。

※1　酒井邦秀（2002）.『快読 100 万語！ペーパーバックへの道』　ちくま学芸文庫
※2　古川昭夫他（2013）.『英語多読完全ブックガイド（改訂第 4 版）』　コスモピア
※3　英語ミニ・ビブリオバトル表現集　以下の URL で公開
　https://www.nagaokaut.ac.jp/center/lang/index.files/mini_bibliobattle_expressions_examples2.pdf
※4　田中茂範（2017）.「英語教育の論点：教育の条件、CLT、CAN-DO」
　　　JACET 関東支部月例研究会講演資料 .

謝辞
本実践は、独立行政法人国立高等専門学校機構英語力向上事業（展開型）（平成 27 年度〜 29 年度）の助成を得て行ったものです。また、※3 の英語ミニ・ビブリオバトル表現集の作成にあたっては、エルスリー株式会社の協力を得ました。ここに謝意を表します。

第3章
大学での
実践のために

After each presentation,
talk about the book for 2–3 minutes
with all participants.

1
一般教養英語での英語ビブリオバトル

東京経済大学 准教授　小田登志子

はじめに

　本稿では、一般教養として英語を学ぶ大学生を対象とした実践を紹介します。英語があまり得意でない学生が楽しめるような英語ビブリオバトルを行うためのキーワードはずばり「ハードルを下げる」です。では、どうすれば学生にとってハードルが低くなるのでしょうか。これまでの経験をもとに、具体的な方法を紹介します。

１．対象者

　ここで紹介する東京経済大学の学生は、2017 年から 2019 年の 3 年間の後期において、 2 年生のための英語選択科目を履修した学生です。これらの学生はすべて一般教養として英語を学び、経済学・経営学・法学のいずれかを専攻しています。学生の人数は、2017 年が 1 クラス 20 名、2018 年が 1 クラス 13 名、2019 年が 1 クラス 17 名、合計 3 クラス 50 名です。

　これらの学生の TOEIC Bridge のスコアは 1 年生秋の時点で 142 点〜 154 点でした。（TOEIC に換算しておおよそ 400 点前後〜 400 点台後半ぐらい。一般社団法人国際ビジネスコミュニケーション協会 2020 年 4 月以前の換算表による。）英語を一般教養として学ぶ日本の大学生としては平均的な層に属していますが、英語に対してやや苦手意識を持っている学生だといえます。

　英語ビブリオバトルは、リーディングとライティングを中心とする英語選択科目の授業の活動の一つとして行いました。この授業において、学生は教科書として指定された英語多読用教材 (例：NHK 出版『Enjoy Simple English 2019 年 7 月号』[※1])を読み、話のサマリーを英語で書く活動を行いました。ですから、英語ビブリオバトルを行う下地がある程度あったといえます。

２．英語ビブリオバトルの方法

　方法は通常のビブリオバトルとほぼ同様ですが、学生にとっては初めての英語ビブリオバトルだったため、 3 分間のミニ・ビブリオバトルとしました。各クラスにおいて、 1 人につき 1 回バトルに参加し、 1 回につき 3 〜 4 名のバトラーが発表しました。

各クラスでのバトルは数日に分けて行いました。

　授業の手順は以下の通りです。

・学生は簡単な英語で書かれた本を各自で選んで読む。
・その日のバトラーを担当する学生は、自分が選んだ本の内容を3分で発表する。
・Q＆Aを行う。（3〜4分）
・聴衆は発表を聞いて自分が一番読みたいと思った本に投票する。

3．準備のハードルを下げる

　英語が苦手な学生に「英語ビブリオバトルをやりましょう」と言うと、必ずといってよいほど「無理！」という反応が返ってきます。しかし、教員はここであきらめてはいけません。学生の心理的ハードルを下げるためのコツをいくつかご紹介します。

●3分間のミニ・ビブリオバトルでよい
　教員が見本を紹介すると、3分はすぐに経ってしまうことがわかります。それを見て学生は安心します。実際のバトルでは3分を超える学生がかなりいましたが、多少の時間オーバーは大目に見ました。

●本は薄くてよい
　絵本でもよいでしょう。世界的に有名な *Where the Wild Things Are*[※2]（『かいじゅうたちのいるところ』）は 338 ワードしかありませんが、この絵本を基にして 101 分の映画が制作されています。ですから、どんなに薄い本を選んでも3分間語ることはそれほどむずかしくないはずです。もちろん、はりきって厚めの本を選ぶ学生がいてもいいでしょう。英語ビブリオバトルのよい点は、学生が各自のやる気に応じて読む量を調節できることです。バトル後のアンケートで「バトルで使用した本を読むのにどれぐらいの時間がかかりましたか？」と尋ねたところ、1日〜3日の学生が約 50％、4日以上の学生が約 50％でした。

　私の実践ではバトルのテーマを特に設けず、学生に本を自由に選んでもらいました。料理のレシピ本を選んだり、スポーツ選手の伝記を選んだりするなど、普段の英語の授業だけではわからない学生の趣味や人柄が反映されたものが多く、「本を通して人を知る」というビブリオバトルの魅力を改めて感じることができました。

●必ずしも全部読まなくてもよい
　選んだ本を一字一句読むに越したことはありませんが、学術レポートを書くわけではないので、全部読めなくても OK としました。途中で挫折したら、その経験を語って笑い話にしてもいいと思います。バトル後のアンケートでは、約 50％の学生が「ほとんど全部読んだ」と答えました。残りの約 50％の学生は「半分以上読んだ」と回答しました。

●英語のメモを机の上に置いてもよい

　英語の原稿を用意して手に持つと、原稿を棒読みしてしまうので避けるべきですが、机の上にメモを置いておき、困ったらちらりと見る程度はOKとしました。すると学生のほとんどは、紙切れやスマホ画面のメモを机の上に置いていました。しかし、メモを見ることによる大きな弊害は感じませんでした。

●本のリソースを具体的に紹介する

　私は英語ビブリオバトルの説明をした後、学生と一緒に図書館に行きます。そして、その場で多読用の英語の本を2〜3冊借りるようにすすめています。歴史、自然科学、伝記といったノン・フィクションの作品を選ぶと、簡単な英語で書かれていても大学生の知的好奇心をまあまあ満足させる内容であることが多いようです。英語が苦手な学生が好んで選ぶのは、映画化された話や日本の昔話など、自分が内容をすでに知っている本です。

　書店で本を購入するのもよいでしょう。最近は一般の書店でも英語の多読教材がたくさん販売されています。さらにチャレンジしたい人は、教材ではない一般の洋書を購入してもいいかもしれません。洋書は高価であるというイメージがあるようですが、最近は古本屋やインターネットで英語の古書を安価で入手できるようになりました。語学は生涯学習でもあるので、英語ビブリオバトルを機会に、市場にどのような学習リソースがあるのか知るのも重要な学びの一つです。

4．発表時のハードルを下げる

　人前で話すのは日本語でも緊張するものです。英語であればなおさらです。バトルを開催する際に、学生の心理的ハードルを下げるコツをいくつか紹介します。

●ゲーム的な雰囲気を出す

　発表というよりも、ゲームにしたほうが、学生はリラックスして発表することができます。ですから、発表者を「presenter」ではなく「battler」と呼びます。教室のスクリーンにタイマーのウェブサイトを大きく投影する（写真1）と、ゲーム的な雰囲気を醸し出すことができます。私の実践では「Ready, set, go!」のかけ声でタイマーをスタートさせ、3分でチーンと音が鳴るように設定しました。

写真1　タイマーを大きく投影

●1回のバトルで発表する学生は3名以上とする

　1回に発表する学生を2名に絞って1対1のバトルにすると、負けた本が目立ってしまいます。発表する学生を3名以上とし、自分が選んだ本が勝ったらラッキー、

負けても普通、と思えるぐらいにするといいでしょう。

● FAQ（よくある質問）を板書する

　FAQ をあらかじめ板書しておくと、英語に困った学生が安心して質問することができます。Why did you choose the book?（その本を選んだ理由は？）Who is the author?（作者は誰ですか？）When was the book published?（出版されたのはいつですか？）How long did it take for you to finish reading the book?（読みおわるのにどれぐらいの時間がかかりましたか？）Where did you get the book?（どこでその本を手に入れましたか？）などは、どの本に対しても質問できるフレーズです。

●「いいね！」という雰囲気づくり

　バトラーの発表の後、質問やコメントをする人が誰もいない場合があります。日本の教室ではよくあることかもしれません。しかし海外では（もちろんお国柄にもよると思いますが）沈黙は非常に不自然で、話の内容に反感を持っていると誤解される可能性もあり得ます。そこで、私は何でもいいので何か言うようにすすめています。Thank you for sharing!（シェアしてくれてありがとう！）I like the cover of the book!（表紙がいいですね！）など、特に意味はなくても共感を示す発言をすると、会場の雰囲気がよくなります。

● 学生が運営をする

　司会・タイマー・投票用紙の配付・集計などの係を学生に担当してもらい、教員は聴衆として参加すると、よりイベント的な雰囲気になります。司会に必要な最低限の英語を板書しておけば、英語が苦手な学生でも十分司会が務まります。

【司会が使う英語表現】（本書巻末にも表現集あり）

・Our next battler is ○○ . He/She is going to talk about ●● . Please welcome ○○！（次のバトラーは○○さんです。本の題名は●●です。○○さん、よろしくお願いします。）

・Ready, set, go!（用意、スタート！）

・Thank you very much. We will now take questions from the audience.
　（ありがとうございました。では、みなさんからの質問を受けつけます。）

・Please give him/her a big hand!（バトラーに大きな拍手をお願いします！）

・Let's vote now. Please write down the title of the book that you are most interested in.
　（では投票しましょう。自分が一番興味を持った本の題名を書いてください。）

・The Champ Book of the day is ●● . Congratulations!
　（今日のチャンプ本は●●です。おめでとうございます！）

　投票の際、私のクラスではメモ用紙程度の白い紙を配付し、自分が選んだ本の題名を書いてお菓子の空き箱に入れてもらいました。集計する際は、書かれた題名を係の学生が読みあげ、別の学生が黒板に tally marks を描きました。

日本語では、数を数える際に正の字を書いたりしますが、tally marks を用いると、例えば　｜、∥、Ⅲ、∭、卌（1、2、3、4、5）のように棒を足しながら5のまとまりを作ります。他にもさまざまな tally marks の描き方があります。こんなちょっとした文化の学びも楽しみの一つです。

5. 学生にとっての英語ビブリオバトル

　本稿の対象となった学生にとって、英語ビブリオバトルはちょっとがんばってみたら意外とできた、といった小さな挑戦だったと思います。アンケートでは、「英語ビブリオバトルを通して（教科書以外の）英語の本を初めて1冊（ほぼ）読んだ」と答えた学生が約70%いました。

　スライドを使って自分が調べたことを発表する英語プレゼンテーションと比較しても、英語ビブリオバトルのほうが学生の間では若干人気がありました。「英語ビブリオバトルと英語プレゼンテーションとどちらがよいか」という質問に対しては、「英語ビブリオバトルのほうがよい」と答えた学生が32%、「どちらもよい」が52%、「英語プレゼンテーションがよい」が16%でした。英語ビブリオバトルのほうがよい理由としては、①自分で英語を考えなくても本の英語を見ればよい、②英語プレゼンテーションよりも発表しやすい、③スライドを作成しなくてもよい、があげられました。英語ビブリオバトルを好まない理由としては、①要約がむずかしい、②英語が覚えられない、③発表時間が短い、があげられました。

写真2　*The Giving Tree* について話す学生　　写真3　本を開いて挿絵を見せる学生

6. 教員にとっての英語ビブリオバトル

　英語教員の視点からすると、英語ビブリオバトルには、英語プレゼンテーションにはない利点があります。以下に4点をあげます。また、成績についての補足を述べます。

①英語に集中できる

　スライドを作成しないので、学生は英語の学習に集中できます。英語プレゼンテーションを行うと、学生はスライドの作成に夢中になり、肝心の英語の練習がおろ

そかになってしまうケースをよく見かけます。

②自分の英語で話す

　ビブリオバトルの基本である「原稿を見ないで話す」はとても効果的です。原稿を見ることを許可すると、英語に不安な学生は辞書やデータベースから写した「正しい英語」を読みあげて話すことに固執し、自分でも何を言っているかあまりわからなくなり、聞く側も内容を理解できないことがよくあります。原稿を見ないでも自分で言える程度の平易な英語で話したほうが、話がよく伝わります。

③機械翻訳の利用が少ない

　英語プレゼンテーションを行うと、英語が苦手な学生は機械翻訳を使い、機械が産出した誤訳や身の丈に合わないむずかしい英語をそのまま使ってしまいがちです。英語ビブリオバトルの場合は英語が本の中にすでにあるため、学生が機械翻訳を使うケースはぐっと少なくなります。バトル後のアンケートで「どのように英語を用意しましたか？（複数回答可）」と尋ねたところ、「自分で考えた」が約76％、「本の文章を参考にした」が約60％、「辞書や参考書などで調べた」が約49％、「機械翻訳を使った」が33％でした。機械翻訳の利用が広まった今日において、英語ビブリオバトルが有効な英語教育方法の一つであるという議論については小田（2019）[※3]をご覧ください。

④英語添削の負担が少ない

　英語ビブリオバトルは教員の添削負担が少ないのも魅力です。英語プレゼンテーションの場合、英語があまり得意でない学生のためには、やはり教員がスピーチ原稿の英語を添削する必要があります。人数が多くなると教員にとっては大きな負担です。その点、英語ビブリオバトルは添削をそれほど必要としません。私は質問されない限りバトル用の原稿を添削しませんでしたが、学生が話す英語はおおよそ理解できる内容でした。本の英語を見ているので当然といえば当然です。本で使用されている正しい英語を覚えて話すだけでも大きな学習効果があると感じます。教員の負担が少ないことは、教育現場にとっては重要な要素です。どんなに優れた活動でも、実際に実行できなければ絵に描いた餅に終わってしまうからです。

　・成績について

　先生方には、英語ビブリオバトルを評価対象とする際、投票結果とは別に成績をつけることをおすすめします。チャンプ本の投票はあくまでも人気投票であり、英語の良し悪しとはまったく別のものだからです。たどたどしく話す学生の本が勝ったり、英語はからきしダメだけど、パフォーマンスで乗り切った学生の本が勝ったりすることはよくあり、投票結果が出るとたいてい「Oh-!」と歓声があがります。こういった点は英語プレゼンテーションにはない英語ビブリオバトルならではの面白い側面でしょう。お楽しみとはいえ、評価の対象として扱い、シラバスにその旨を明記することをおすすめします。そうでないと学生はバトルを休んだりするかもしれません。学生の背中を押すためにも多少の強制は必要だと思います。

７．今後の発展に向けて

　以上に紹介したように、英語ビブリオバトルは英語が得意であってもそうでなくても、自分の力に合わせて活動することができ、学習効果も高いといえます。また、学生にとっても教員にとってもそれほど大きな負担なく、気軽に授業に取り入れられる活動です。本稿は紙面が限られているため、参考文献表に挙げた近藤・大賀・山下（2015）[4]、藤井（2017）[5]、藤田（2018）[6] に記された大学レベルでの実践例もぜひ参考にしてください。どの実践でも英語ビブリオバトルがインプットとアウトプットを有機的につなげるために有効な活動であることが記されています。

　英語ビブリオバトルは各クラスで行うだけでも十分に楽しめますが、余裕ができたらコミュニティを広げていくといいでしょう。まずは他のクラスとの合同バトルからはじめてはどうでしょう。英語ネイティブの教員に声をかける際には、英語による英語ビブリオバトルの簡潔な説明が Oda（2018）[7] にあります。大学内で教員や職員を含めたバトルを企画するのも面白そうです。英語教員が紹介する本が意外と投票で最下位になって大笑いになるかもしれません。英語がうまい人が発表した本がチャンプ本になるとは限らないのが英語ビブリオバトルの醍醐味です。また、他大学との交流や地域の外国人住民との交流の一環として英語ビブリオバトルを行うのもいいでしょう。英語ビブリオバトルは多文化交流の方法の一つとしても大きな可能性を秘めているといえます。

※ 1　日本放送協会（2019）『Enjoy Simple English 2019 年 7 月号』NHK 出版
※ 2　Sendak, Maurice（1968）*Where the Wild Things Are.* HarperCollins Children's Books, NY.
※ 3　小田登志子（2019）「機械翻訳と共存する外国語教育とは」
　　　『人文自然科学論集』145 号．pp.3-27.
※ 4　近藤雪絵. 大賀まゆみ. 山下美朋.（2015）「自主的学習サイクルを生み出す場としての『英語でビブリオバトル』」『立命館人間科学研究』第 32 号．pp.117-129.
※ 5　藤井数馬.（2017）「英語多読のアウトプット活動としてのミニビブリオバトル」
　　　『英語教育』第 66 巻 9 号．pp.24-25.
※ 6　藤田賢.（2018）「英語多読授業におけるブックレポートとしてのミニ・ビブリオバトル」
　　　『中部地区英語教育学会紀要』第 47 号．pp.127-132.
※ 7　Oda, Toshiko .（2018）Bibliobattle in English, an Alternative Style of English Presentation.
　　　The Language Teacher 42（6）. pp.25-26.

2
「英語でビブリオバトル」大学生の実践

立命館大学 准教授　近藤雪絵

1. 「英語でビブリオバトル」実践までの経緯

　2013 年より英語で行うビブリオバトルを「英語でビブリオバトル」と名づけ、実践を行ってきました。ビブリオバトルは、発表のうまさを競うスピーチやプレゼンテーションのコンテストとは趣旨が異なり、読みたい本に出会うことや、本を通して人を知ることを目的としたゲームです。主役は「本」ですので、自分の英語力が評価の対象になる心配をすることなく、英語で発信する機会となり得ます。そういった発信の機会を授業外でも提供したいと思い、大学生との「英語でビブリオバトル」をはじめました。

　外国語で「話す・聞く」といったコミュニケーションには不安が伴うことがあり、5 分間の本の紹介を英語で行うことは、多くの英語学習者にとって容易なことではありません。しかし、ビブリオバトルでは英語力にかかわらず参加者全員が同じ線上に立ち、ディスカッションや投票を全員で行い、またその投票は発表や発表者にではなく、本に対して行われます。投票の対象を「発表」ではなく「どの本が読みたいか」にすることにより、教員や仲間からの「否定的な評価に対する不安」（Horwitz, Horwitz, & Cope, 1986）[※1] は軽減されると考えられます。

　ビブリオバトルを外国語の授業に導入する試みとしては、英語の多読と関連づける実践（城野, 2019[※2]; 藤田, 2018[※3]; 藤井, 2017[※4]）、英語の授業内イベントとして行う実践（関戸, 2017[※5]）、留学生のための日本語の授業での実践（数野・嶋原, 2017[※6]; 山路・須藤・李, 2013[※7]）などがあります。授業内でビブリオバトルを行う場合、その教育的効果から、発表の構成・原稿に指導や助言を行ったり、リハーサルを行ったり、チャンプ本の投票以外に発表を相互評価している報告も多くみられます。

　私の実践は、発表を評価されることなく、ビブリオバトルをゲームとして楽しみながら英語を使い、次にプレイする時にゲームに勝つための戦略を自分で立てることによる自己学習の効果を期待したもので、原稿・構成および本の選択に対する助言、事前のリハーサル、発表の評価は行わず、日本語のビブリオバトルと同じように「英語でビブリオバトル」を行っています。この章では、時系列に活動を追いながら、大学生とどのように「英語でビブリオバトル」を実践してきたかを紹介します。

2．導入方法・準備

ここでの「英語でビブリオバトル」とは、ビブリオバトルのルールに一切変更を加えることなく、使用言語を英語としたものです。

◆まずは教員がバトラーとして参加してみる

授業外で「英語でビブリオバトル」を実施しようとする際、まず参加者を集めるのが想像以上にむずかしいことがわかりました。教員に声をかけた場合でも、「発表の準備をする時間がない」「最近本を読んでいない」という理由で辞退されることが多々ありました。もちろん教員は話すことに慣れているはずであり、本にふれる機会も多いはずです。ビブリオバトルは特別な準備をすることが推奨されておらず、オーディエンスのようすを見ながら、ライブ感を持って話すことを想定したゲームですが、それを「英語で」となると、誰でもしっかりと発表の準備をして臨まないといけないと思うのでしょう。

学生にビブリオバトルの面白さを伝えるには、まず教員がバトラーとして参加し、その面白さを体感する必要があります。自分がやったこともなく、むしろ参加は辞退したいと思っている活動をすすめたところで、学生はそれが面白いとは思わないでしょう。このプロセスを省いて教育的活動として導入すると、学生に準備や練習といった多くの負担を自然と課してしまう可能性もあり、学生はビブリオバトルを楽しい活動というよりは課題として取り組むようになるかもしれません。また、デモとして学生の前で発表を行うのと、バトラーとして臨むのでは、体験はまったく異なります。そこで、まずは教育現場ではなく、砕けた空間で誰でも参加できるカジュアルな「英語でビブリオバトル」を教員、学生、教員以外の社会人混合で実施することにしました。

3．フェーズ 1 : 学生、教職員、社会人が一線に並んで交流できる

2013 年に「英語でビブリオバトル」を 6 回実施し、できる限り学生、教員、教員以外の社会人の混合で行うようにしました。ビブリオバトルは「読みたくなった本」に投票するのであって、発表の出来栄えを評価するのではないため、英語の習熟度が低い発表者の本がチャンプ本に選ばれる可能性も十分にあります。習熟度の異なる参加者同士でもゲームとしての機能を果たすことが期待でき、英語の習熟度が低い参加者の本がチャンプ本に選ばれることは、むしろゲームを面白くすると考えました。

参加者の募集は教員からの呼びかけや、同時期に作成した「英語でビブリオバトルFacebook ページ」[※8] のイベント機能を利用して行いました。参加者はビブリオバトルの公式ルールに則り、自分で選んだ本を持ち寄り、5 分間の発表とディスカッションを行いました。発表言語は英語ですが、紹介する本の言語は問いませんでした。

◆学生中心の回（実施回数 3 回、発表者延べ人数 16 名）

主に第一言語を日本語とする学生が、放課後や春休み中に集まり、参加しました。

留学生が参加する回もありました。発表された本のほとんどは和書であり、チャンプ本にも和書が選ばれました。

◆英語教員中心の回（実施回数 6 回、発表者延べ人数 32 名）

英語教員に加え、英語以外の大学教員、英語学習者、学生が大学以外の場所に集まり、参加しました。ネイティブ英語話者もほとんどの回に参加しました。発表された本は洋書（英語）が多数を占め、チャンプ本にも主に洋書が選ばれました。

◆実践を終えての気づき

英語が堪能な発表者の本がチャンプ本になるとは限らない点や、ディスカッションで揚げ足を取ったり批判的になったりすることがない点で、学生、教職員、社会人が一線に並んで楽しめるゲームとなり得ることがわかりました。

学生の場合、原稿を読み上げる発表者はいなかったものの、原稿を暗記するスタイルも見られました。アドリブで話すのがむずかしい学生は、相当な練習を積んで臨んでいることが伺えました。大部分は暗記をしながら、導入部のみアドリブを取り入れてオーディエンスに語りかけるといった工夫をしていることがわかりました。

また、学生は和書を紹介するケースが多いのが特徴的でした。チャンプ本にも多くの場合、和書が選ばれました。これは、ビブリオバトルのルールに基づいて参加者自身が読んで面白いと思った本を持って集まり、自分が読みたいと思った本を選んだことの現れともいえます。和書の場合でも、タイトルは自分なりに英語に訳したりする工夫がみられました。

◆今後に向けた課題

留学生など日本語の習熟度が低い参加者もいましたが、和書が紹介された場合、興味を持っても投票はしづらく、また投票しても実際に自分では読めないという課題がありました。第一言語が異なる参加者（留学生や教員を含む）が集まる会では、本を英語で書かれたもの（あるいは英語の翻訳版が発売されている本）に限定する工夫も必要となるでしょう。

発表は練習を積むことで乗り切っても、英語の習熟度が低い学生はディスカッションに参加しづらいという課題がありました。ディスカッションは事前に準備できないため、「ライブ感」が強く出ます。教員が参加している場合は教員がリードを取りがちになりましたが、これが行き過ぎると、学生が教員に遠慮して発言を躊躇してしまうという懸念があります。参加者の状況によっては、ディスカッションは英語・日本語を織り交ぜながら行うものよいでしょう。

4．フェーズ 2：「英語でビブリオバトル」大学生大会

これまで「英語でビブリオバトル」に参加してきた英語教員が協力し、立命館大学、京都産業大学、近畿大学の学生による「英語でビブリオバトル大学生大会」を、2013 年 8 月（第一回、バトラー 8 名）、2014 年 3 月（第二回、バトラー 5 名）、2014 年 9 月（第三回、バトラー 10 名）に実施しました。参加者の募集はフェーズ

1 と同様に口コミと Facebook を通じて行い、1年生から4年生の学生が参加しました。この学生大会は、学生に授業以外での英語による発信やコミュニケーションの機会を提供すると同時に、ビブリオバトルの英語学習への活用の可能性を探ることを目的として開催しました。

◆「英語でビブリオバトル」に参加するための準備（第一回　参加者のコメントより）

　　第一回の実施後アンケートで、参加に向けて何にどのくらいの時間をかけて準備を行ったかを尋ねました。教員は原稿作成や発表内容に関する指導や助言は行いませんでしたが、全ての学生が原稿作りに3時間〜1週間かけていました。また原稿作りは、まず日本語で行い、次に英語にするケースが多く見られました。学生は個々にかなりの時間をかけて発表を作りこんでいたことがわかりました。

参加者	Q　参加に当たって準備したことは？	Q　「準備したこと」を回答した人は、何をどのくらい（何時間くらい）準備しましたか？
A	本の選定、話す内容の準備、原稿作り（英語）、話す練習	原稿作りに3時間かけました。
B	本の選定、話す内容の準備、原稿作り（日本語）、話す練習	3日前に本を選定して、原稿を日本語と英語を両方作成しました。なんどか音読もしてどれくらい時間がかかるのか測ったり、英語の添削を友達にお願いしたりして当日の発表にむけて準備しました。
C	本の選定, 新たに本を読んだ、話す内容の準備、原稿作り（日本語）、原稿作り（英語）、話す練習、質疑応答の準備	本を3日くらいで読んで、日本語の原稿を7、8時間でかいて、英語の原稿を4、5時間で書いた。あとは少しずつ。
D	本の選定、新たに本を読んだ、話す内容の準備、原稿作り（英語）、話す練習	本の選定、1時間ほど新たに本を読んだ、1週間ほど話す内容の準備、原稿作り（英語）1週間ほど話す練習、1週間ほど。
E	特に準備はしていない	
F	本の選定、話す内容の準備、原稿作り（日本語）、原稿作り（英語）、話す練習	原稿作りに合計2日ほど。
G	本の選定、新たに本を読んだ、話す内容の準備、原稿作り（日本語）、原稿作り（英語）	本を30分くらいかけて本屋のベストセラーから選び、本を1.5時間かけて読み、日本語で文章を3時間かけて考え、それを英語に1時間くらいかけてなおし、読む練習を1.5時間くらいやりました。

◆「英語でビブリオバトル」で得たこと・むずかしいと感じたこと
（第一回〜第三回　参加者のコメントより）

　　第一回〜第三回の実施後アンケートで、「英語でビブリオバトル」で何を得たか／何をむずかしいと感じたかを尋ねました。何を得たかについては、多くの学生が英語での伝え方やそのむずかしさ、自分の英語力・プレゼン力の把握を挙げました。また、勇気や自信を得たという回答もありました。人に出会えたという回答はあり

ましたが、本に出会えたことに言及する学生がいなかったのは、「英語でビブリオバトル」の特徴であると考えられます。学生にとって「英語でビブリオバトル」は、面白い本に出会う機会というより、英語で伝えることを練習・学習する機会になっているのでしょう。

　アンケート回答者全員が「英語でビブリオバトル」に参加したいかという問いに肯定的に回答しましたので、チャンプ本に選ばれても選ばれなくても参加は楽しく、またチャレンジしたくなるゲーム性があることが伺えました。

Q　今回の「英語でビブリオバトル」で何を得ましたか？

・伝え方（簡単な英語で話す、自信がなくても堂々と話す、原稿を読まない、簡単な表現を使う、構成）（6名）
・自分の英語力・プレゼン能力・表現力の把握あるいは不足の実感（4名）
・限られた時間で人に伝えることのむずかしさとその練習の必要性（2名）
・もっと英語を使いこなせるようになりたいという向上心
・身近なことを英語で話すということ
・英語的な文章のつくりかた、質疑応答時の答え方
・本のレパートリーと知識の少なさの実感
・人前で発表する勇気　　・経験をつんだことによる自信　　・人との出会い

Q　今回の「英語でビブリオバトル」で何をむずかしいと感じましたか？

・英語の言い回し、語彙の選択、言いたいことを英語で伝えること（5名）
・時間配分、限られた時間で言いたいことを伝えること（4名）・質疑応答（4名）
・本の面白さを伝えること　　・興味を持ってもらうこと（2名）
・自分が内容について深く理解してないと、相手にも伝わらないこと
・絶えず話し続けること　　・原稿を覚えること

◆リピーターが第二回で取り入れた改善点（第二回　リピーターのコメントより）

　第二回の実施では、参加者5名中3名がリピーター（第一回、第二回の連続参加者）でした。第二回の実施後アンケートで、参加前に何を準備したかを尋ねたところ、初参加者・リピーターともに「話す内容」「原稿」「練習」でした。ただ、参加してむずかしかった点としては、初参加者は「時間管理・時間配分」という基本的なルールの順守を挙げているのに対し、リピーターは「相手に伝えること」「質疑応答」といった他の参加者を意識した点を挙げていました。初めて参加するときには自分が発表を行うことに意識が向き、二回目からはより相手を意識したコミュニケーションを行おうとしていたことが伺えます。リピーターが二回目の参加でどのようなストラテジー（方策）を取り入れたかを探るため、追加で次の質問をしました。

Q　今回、発表前に特に力を入れたこと、意識したことがあれば書いてください。

・むずかしい単語や表現を使わないようにしようと思った。

・特に本の内容を論理的に理解しようと心がけた。

・その本独特の言い回しをどう英語で伝えるかを調べた。

Q 一回目と二回目の自分の発表を比べてみて変わったと思うことは何ですか？

・前回は完全に原稿を読んでいたが、今回は言いたいことをまとめておいてなんとなく文章を考え、できるだけその場で考えて発言できるようにしようと思っていた。それが少しできるようになったと思う。

・発表しながらも、時間をみる余裕が生まれて、落ち着いて発表ができた。

　ここで英語学習という観点から着目したのは「むずかしい単語や表現を使わないようにしようと思った」と答えた学生の声です。近藤・大賀・山下（2015）[9] によると、この学生は二回目の発表の方がより平易な単語（中学生レベル）を使う割合が高いことがわかりました。また、二回目の方がポーズ（間）や「えー」などのフィラーの使用が増え、スピーチの速度は遅くなっていました。二回目では準備した原稿通りに話すのではなく、その場で考えながら話していたためです。つまりこの学生は意識的に簡単な語彙を使い、原稿を読まずにその場で考えながら話すこと、すなわちオーディエンスを意識して自分の言葉を調整することで、より適切なコミュニケーションを試みていたのだと考えられます。こういったオーディエンスを意識した自己改善は、日本語学習者を対象とした日本語でのビブリオバトルでも報告されています。山路・須藤・李（2013）[7] によると、一回目のビブリオバトルの後に教員が発表の構成や含めるべき情報に関しての指導を行った一方で、参加者はオーディエンスに伝えたいという気持ちに基づき、二回目のビブリオバトルでは発音を改善することや原稿を読まないことに気をつけたと実感していたそうです。

　自分の体験やオーディエンスからの反応により、参加者は自身の発表の改善点に気づき、次の参加に向けて工夫を加え、次の参加でその成果を発表します。「英語でビブリオバトル」はこういった自主的な英語学習のサイクルを生み出す場となります。「自主的な英語学習サイクル」についてより詳しくは、近藤・大賀・山下（2015）[9] をご覧ください。

5．フェーズ 3：オンライン参加を取り入れた大学生大会

　2015 年 5 月の「第四回 英語でビブリオバトル大学生大会」はオンライン参加を取り入れました。それまでの実践でも、活動報告を Facebook で行っていましたので、異なる大学の所属が参加後の交流をオンラインで行うことはありました。また、参加後の動画は YouTube にアップしていましたので、参加していない人が後で動画を見ることも可能でした。それならば、ビブリオバトル自体もオンラインで行えば、将来的には場所を問わず世界中の人と「英語でビブリオバトル」ができるだろうと思い立ち、オンライン参加を取り入れました。

　参加者の募集は口コミと Facebook を通じて行い、5 名の学生が参加しました。

4名は京都の同じ部屋教室に集まり、東京の大学のキャンパスにいるもう1名の参加者とSkype[10]で通信しました。この4名は1つの大きなテーブルについていましたので、テーブルにノートパソコンを置き、一つのテーブルを囲むようなかたちでSkype参加を含めたバトラーを配置しました。また部屋の大きなディスプレイにもSkypeの画面を表示しました。発

表とディスカッションはスムーズに進行し、ビブリオバトルが終了した後にお菓子を食べながらゆっくり語り合うところまで、オンラインで行うことができました。ただし、オンライン参加が1名のみだったため、疎外感を与えたかもしれないという反省がありました。オンラインで実施する場合は、会場で1人になる参加者がいないようにするか、全員をオンライン参加とした方が、ディスカッションやバトル後のトークは盛り上がると思われます。

◆「英語でビブリオバトル」で面白いと感じたこと（参加者のコメントより）

実施後のアンケートで、参加者全員に何が面白いと感じたかを尋ねました。フェーズ2の大学生大会のアンケートと質問が異なることも影響しますが、今回の参加者は人との出会いと交流、人の考え方や人柄にふれたことが面白いと答えているのが印象的です。

Q 今回の「英語でビブリオバトル」で面白いと感じたことは何ですか？

・他者の話し方や話の流れおよび本を紹介している人の考え方にふれることができたこと。
・他大学の人と交流できたこと。
・いろいろな人と出会えたこと。
・ただの英語のスピーチではなく、本の紹介というかたちだったためその人の人格や人柄も知ることができた点。
・ビブリオバトル以外のなんでもない会話が楽しかった。

オンライン参加を取り入れた
「英語でビブリオバトル（2015）」大学生大会

2020年現在、オンライン・ミーティングができるソフトウェアの性能は格段に上がりました。また、新型コロナウィルスの感染拡大による外出や移動の自粛要請が出た4月頃より、オンライン・ビブリオバトルの開催数は急増しました。Zoom[11]を

利用したオンライン・ビブリオバトルの YouTube ライブ配信を行えば、バトラーだけでなく気軽にライブチャットを利用してオーディエンスとしてディスカッションと投票に参加できます。詳しくは、YouTube ライブ配信型のオンライン・ビブリオバトルを主催されている益井博史氏のウェブサイト[※12] をご覧ください。

6．さいごに

「英語でビブリオバトル」は学生にとって英語の練習と成果の発信の機会であり、人との出会いや交流の場となります。また、一度参加することで、また次も参加したいと感じ、よりうまく相手に本の魅力を英語で伝えるためのストラテジー（方策）を自分で考え、実践することができます。最初は原稿を読むことが推奨されていないからと暗記をがんばった学生は、二回目には「ビブリオバトルはなぜ、原稿を読まずにライブ感をもって話すことが推奨されているか」の意味を自らの体験から理解します。何度も気軽に参加できる活動として「英語でビブリオバトル」を開催するのが、実践→振り返り→ストラテジーの考案→実践という英語学習のサイクルを作る上では重要ではないかと考えます。

※1　Horwitz, E. K., Horwitz, M. B. and Cope, J. (1986) Foreign language classroom anxiety. The Modern Language Journal, 70(2), 125-132.
※2　城野博志．（2019）．ミニ・ビブリオバトルにおいて相互作用が促進される要因に関する考察．名古屋学院大学研究年報．32, 19-28.
※3　藤田賢．（2018）．英語多読授業におけるブックレポートとしてのミニ・ビブリオバトル．中部地区英語教育学会紀要．47, 127-132.
※4　藤井数馬．（2017）．英語多読のアウトプット活動としてのミニビブリオバトル．英語教育．66(9)．24-25.
※5　関戸冬彦．（2017）．英語教育実践報告：スピーキングを促す 2 つのイベント：Presentation Championship & Bibliobattle Educational Report in English. マテシス・ウニウェルサリス．18(2), 99-109.
※6　数野恵理．＆嶋原耕一．（2017）．内容を重視した日本語演習 3 の試み：学習者の読みに対する意識の変化を中心に．日本語・日本語教育．1, 93-104.
※7　山路奈保子．須藤秀紹．＆ 李セロン．（2013）．書評ゲーム「ビブリオバトル」導入の試み―日本語パブリックスピーキング技能育成のために―．日本語教育．155, 175-188.
※8　英語でビブリオバトル (Bibliobattle in English). Facebook ページ　https://www.facebook.com/BibliobattleEnglish/
※9　近藤雪絵．大賀まゆみ．＆山下美朋．（2015）．自主的学習サイクルを生み出す場としての「英語でビブリオバトル．立命館人間科学研究．(32), 117-129.
※10　Skype　https://www.skype.com/ja/
※11　Zoom　https://zoom.us/
※12　益井博史．（2020）．BIBLIOHERO.　https://bibliohero.com/category/bibliobattle/

第4章
留学生との
実践から
見えてきたもの

*After all presentations, select the "Champion Book"
by the votes of all participants, both audience
and presenters.
The criterion is "a book, which you want to read
the most." The book with the most votes is
called the "Champion Book."*

1

留学生の日本語クラスでの実践

早稲田大学 日本語教育研究センター講師　江後千香子

1．ビブリオバトル実践までの経緯

全授業ビブリオバトル！〜大所帯だからこそできたニッチな科目

　早稲田大学の日本語教育研究センターには「テーマ科目」というカテゴリがあります。いわゆる選択科目にあたるものですが、総科目数 200 以上が、各担当教員の提案した内容で実施されています。「読む」「書く」「聞く」「話す」の 4 技能や「発音」「待遇表現」「文法」「語彙」「漢字」などの科目のほか、「文学」「映画・ドラマ・演芸」「生活」「社会・文化」といった社会・文化的な面に焦点を当てた科目、「仕事」「アカデミック」といった専門に関する科目などもあります。

　このように、科目数も多く、在籍留学生数 4921 名（2015 年度）という大規模な環境であれば、相当にニッチな科目であっても成立するだろう……と考え、「半期 15 回の授業すべてがビブリオバトル」という、ちょっと無謀かもしれないクラスを提案してみることにしました。幸い申請は通り、2014 年度から 5 年間、「読んで話そう！ビブリオバトル 6-8 ※」が開講されました。

※ 6-8 とは、日本語レベルで、全 8 レベルのうち上から 3 つ目までのレベルを対象としている。
　　おおむね上級レベルというイメージ。

2．ビブリオバトル実践にあたって

シラバス（授業計画）作り

　授業の到達目標として提示したのは、「『人を通して本を知る。本を通して人を知る』というビブリオバトルの活動を通してスピーチ能力を養うとともに、新しい本との出会いを通じて自分の視野を広げることを目指す」というものです。

　シラバスを作るにあたり、最も悩んだのは「学生が選ぶ本の条件をどう設定するか」でした。具体的には、日本語で読んだ本に限定するか、それとも母語など日本語以外の言語で読んだものも対象として認めることにするか、ということです。

　日本語を教える立場としては、「読む」という部分にも日本語学習を期待したくなります。しかし、外国語である日本語で読んだことのある本に限定すれば、当然選択肢は狭くなり、バトルの面白さという面では明らかにマイナスです。結局、「読むことも日本語の勉強であってほしい」という教員の下心は封印し、「日本語以外の言語

で読んだものでも OK。ただし日本語版のあるものに限定する」という条件にしました。

　また、その条件をつけたことで、期末レポートとして自分以外の人が紹介した本を読み、感想を書く、という課題を設定できました。「紹介された本が面白そうだけど読めない」という事態を避けるため、このクラスの共通言語であり、目標言語である日本語版があることを条件としたわけです。

　感想文を書くことを強要するのはビブリオバトルのコンセプトにはなじまないのではないか、とも考えました。しかし、大学の授業として行う以上、最終的に評価を出す必要があります。評価を出すための材料が口頭での発表しかない、というのはいかにも心もとないため、やむなく期末レポートを課すことにしました。

書籍以外の作品への展開

　シラバスが決まると、スケジュールの面で少し問題が出てきました。ただ、「読む本を選び、実際に本を調達して読み、感想文を書く」ためには時間がかかります。母語ではない日本語で読むのであればなおさらです。すべてのスケジュールが終わった後で「では来週が締め切りです」では時間が足りず、結果的におざなりなレポートを提出する学生が増えるということにもなりかねません。よいレポートを書いてもらうためには、それなりの時間が必要です。

　そのため、レポート課題の対象になる「本」を紹介するのは学期中盤までにして、終盤ではレポート課題の対象外となる「書籍以外のもの」でバトルを行うのはどうかと思いつきました。

書籍以外の作品を紹介する場合のルール

　そもそも本を紹介するのがビブリオバトルであって、紹介するのが本以外のものならビブリオバトルじゃない！というツッコミは当然入りそうですが、本以外を紹介する部分はスケジュール上のおまけということで、映像や幅広い作品のバトルも視野にいれ、とりあえず進めることにしました。

　そこで考えなければいけないのがルールです。何の条件もなく映画を紹介する場合、「まずこちらを見てください」といってその映画の予告編を見せる人もいるかもしれません。しかし、それはビブリオバトルらしくないから認めたくありません。とはいえ、本の紹介であっても実物の本は見せられるわけですから、見せるものはすべて禁止というのではちょっと窮屈な気がします。最終的には「見せてよいものは静止画2枚まで。動画はダメ」という条件に落ち着きました。この条件で、ビブリオバトルらしさは維持できているのではないでしょうか。

　書籍以外の作品を紹介する回は2回設定し、1回目は映像作品限定、2回目はさらに条件を緩くして「作品と呼べるものなら何でもあり」というものにしました。例えば、自然景観・街・誰がデザインしたかわからない公園などはダメ、公園や建物でもデザインや設計を行った人がはっきりしているものなら OK です。投票基準は書籍の場合と同様、「一番見てみたくなったものに投票する」というものです。

スケジュールの基本パターンは以下です。一つのビブリオバトルの回を2週にわたって行います。人数が非常に少ない場合は、第2週の説明や第5週の録画チェックを他の回に入れ込んでしまい、ビブリオバトルを第6回まで行いました。

スケジュール（1コマ90分・1コマ当たり3〜7名程度のバトル）

> 第1週：オリエンテーション・ゲストによる実演（ゲストが呼べない場合は動画を見せる）
> 第2週：ビブリオバトルの説明（公式サイトなど）
> 第3週：ビブリオバトル第1回（書籍）（1）
> 第4週：ビブリオバトル第1回（書籍）（2）
> 第5週：録画チェック・振り返り
> 第6週：ビブリオバトル第2回（書籍・テーマ限定）（1）
> 第7週：ビブリオバトル第2回（書籍・テーマ限定）（2）
> 第8週：ビブリオバトル第3回（書籍）（1）
> 第9週：ビブリオバトル第3回（書籍）（2）
> 第10週：ビブリオバトル第4回（映像）
> 第11週：ビブリオバトル第4回（映像）
> 第12週：ビブリオバトル第5回（「作品」なら何でもあり）
> 第13週：ビブリオバトル第5回（「作品」なら何でもあり）
> 第14週：期末レポート内容紹介
> 第15週：振り返り・授業アンケート

果たしてこれでうまくいくのかと、手探りで不安な状態でしたが、とにかくクラスはスタートしました。

3．実際の授業のようす

結果的には、案ずるより産むがやすしで、思っていたよりもうまくいき、学生たちの反応も非常によいものでした。ただ、早稲田大学のテーマ科目の場合、履修者はオリエンテーション期間があり、多くの科目の中から自分の意志で科目を選んで参加しているので、初めからこの科目が趣味に合わない学生は来ていない、という意味では恵まれた環境でした。

オリエンテーションでの実演ゲストは、基本的に過去の履修者に声をかけ、来られる人がいれば来てもらう、というかたちをとりました。元々あまり履修者が多くないクラスである上、学期開始初日はみな忙しい時期でもあるので参加できる学生がいないときもあり、その場合はHP上のビブリオバトル動画を見せる、人数が足りない場合は私自身がバトラーとして実演する、などで対処しました。動画を見せるよりは、実演者がいたほうがクラスの反応はよかったです。

ビブリオバトルでバトラーになると、スピーチに慣れた学生であっても、初めのうちは５分という時間を長いと感じるようです。人前で話すことに慣れていない学生はなおさらです。１回目・２回目あたりは５分になる前に話が終わってしまい、間を持たせるのに四苦八苦している学生も多く見られました。

しかし、話すことに慣れていき、クラスのメンバーともなかよくなり「好きなものについて何を話してもよい」ということがわかってくると、逆に「もっと話したいのに時間が足りない！」というケースが多くなっていきます。

また、ディスカッションタイムは公式では２〜３分となっていますが、このクラスではもう少し長めに時間を取り、質問が出る限りはできるだけ発言してもらうようにしました。時間に余裕のある日には１０分程度になることもありました。それは、このクラスが「話すこと」を主眼とした語学のクラスであり、授業当日にバトラーとしての発話機会がない学生にも、できるだけ話す機会を設けたいからです。

書籍の紹介が３回ないしは４回連続になるため、飽きられるのを防ごうと１回はテーマ縛りを取り入れました。そのテーマにしてもクラスのメンバーで相談して決めました。数回のバトルを経て、ある程度クラスメートとなじんできた時期に設定したので、話し合い自体に学生個々の性格が出てきました。まず、学生たちが思いつくテーマをどんどん挙げてもらって、それを板書し、ある程度出揃ったところで、どのテーマがよいかを投票で決めます。１人でいくつでも投票でき、自分にはどうしても無理だと思うテーマに対しては拒否権も行使できる、というかたちにしました。（ちなみに、拒否権を行使されたテーマとしては「ＳＦ」「ファンタジー」「ホラー」「歴史」「ノンフィクション」「ラブストーリー」などがありました。拒否権行使の理由は、大部分が「そのジャンルは全然読まないから」というものでした。）

各回の投票には、ビブリオバトル公式サイトで紹介されているビブリオバトル・カード※を使用しました。最初はそのまま使っていたのですが、学生からの「本に対してだけではなく、発表に対してのコメントもほしい。特にダメ出しが聞きたい」との要望を受け、裏面に発表についてのコメントを書けるようにしたバージョンも作りました。学期後半には主にそちらのバージョンを使用しています。
※ http://bibliobattle.sakura.ne.jp/img/
　 bibliobattlecardVer.3.pdf
（ダウンロードにて利用可）

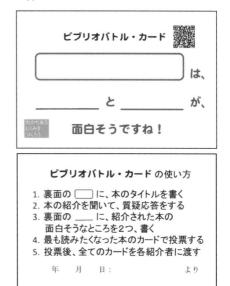

ビブリオバトル・カード

授業の振り返りには以下のようなシートを使用しました。全員に「自分の発言のなかでよかったもの」について書くようにしたのは、当日のバトラーではない学生も含め、学生全員にできるだけ発話してほしい、という意図を伝えるためです。

　その結果、発話するのに効果のあったケース、なかったケースで五分五分というところでした。

ビブリオバトル　提出シート
１．今日あなたが話したことで、面白いと思ったものはありますか。 　　それはどんな話でしたか。発表でも、質問でもいいです。
２．あなた以外の人の話で、面白いと思ったものを具体的に書いてください。 　　（発表でも、質問でも）

　また、開催場所が教室だからこそ発生する問題点もあります。教室にはホワイトボードがありますので、差し支えなければ発表開始前に本のタイトルを板書してもらい、それから話しはじめる、という手順で通常は行っています。しかし、話をはじめる前に板書が許されているという点を利用し、事前に登場人物名や人物の相関関係図など大量の板書をする、という学生が出てきました。どこまでを許容するか、線を引くのはむずかしいですが、ある程度の制限をかけてもよかったかもしれない、というのが反省点です。

　留学生だからこそ発生しやすい困った点としては、「紹介したい本が手元にない場合が多い」ことがあります。事前に、カーリル（図書館の蔵書検索サイト　https://calil.jp/）を紹介し、できるだけ実物の本を探せるように配慮はしましたが、手配が間に合わないケースも時々ありました。その場合はウェブ上で探した表紙の画像を見せてもらうなどで対応しましたが、本の内容を十分に確認できないまま発表せざるを得ないこともあったのは少し残念でした。ちなみに、ビブリオバトルのクラスでは電子書籍派はごく少数で、大半は紙の本指向でした。

４．授業を行ってみて

　授業開始前に悩んでいた「日本語で読んだ本に限定するかどうか」という点ですが、制限をしないことで学生たちの意欲を引き出す結果となり、よかったと思います。学習効率ばかりを狙うと、クラスに沈滞した雰囲気が漂い、かえって学生の学習意欲をそぐことになりかねません。

また、早稲田のクラスは上級の学生が対象でしたが、この活動はもっと語学力が低いレベルから行えるものだと思います。ただし、準備して発表するだけでなく、他の学生の発表を聞き、それに対してコメントする活動を無理なく行えるかどうかを考えると、中級後半以降のクラスのほうが授業はしやすいでしょう。

　語学のクラスで行う活動として最もすばらしいと思うのは、日本語力がバトルの勝ち負けに直結しない点です。口頭表現クラスで行われる普通のスピーチでは、スピーチの出来栄えには学生の語学力がある程度反映されるものであり、そのクラス内で語学力の低い学生がよい結果を得るのはむずかしいことが多いのです。しかし、ビブリオバトルで勝敗のカギを握るのは読書量や人生経験であり、日本語力の低い学生の勝率が高いこともめずらしくありませんでした。少人数のクラスではメンバー間の位置づけや力関係が固定化してしまうこともありますが、そういうクラスに刺激を与える、という使い方もできそうです。

　本以外の作品を紹介する授業活動は、思っていたよりもずっと面白いものになりました。映像作品の紹介は本よりも気軽にできるようで、学期末に近い時期の息抜きとしても機能していたように思います。また、クラスで本の紹介を重ねてきたということもあり、原作のある作品は原作と映像化作品を比較する、というかたちでの紹介も多く見られました。

　私は非常勤講師として複数の大学で講義を担当しており、早稲田以外には横浜市立大学・明治大学・日本大学芸術学部のそれぞれ口頭表現クラス内で、学期に１〜２回ビブリオバトルを行っています。ビブリオバトルをやりたい学生ばかりが集まっているわけではないそれらのクラスでは、本を紹介する回よりは映像作品を紹介する回のほうに学生全員が参加しやすく、クラスの雰囲気も活発になりやすい傾向が見られます。

　「何でもあり」の回では、本当にさまざまなものが紹介されました。演劇・ゲーム・アプリ・音楽・絵画などがありましたが、なかには「ピクトグラム」や、飲料パックに書かれている「たたんでくれてありがとう」のメッセージを紹介した学生もいました。なかでも印象に残ったのは１枚の写真の紹介です。その写真を見せながら発表しているため、ビブリオバトルの本来の趣旨である「読みたくなった／見たくなった作品に投票する」という観点からは投票の対象にはなり得ません。しかし、つたない日本語ながら自分の使える言葉を最大限に駆使し、熱のこもったすばらしい話しぶりに聞いている学生たちも圧倒され、その回のチャンプ作品を獲得しました。まさか１枚きりの写真が（しかも現物を見せながら話しているのに）チャンプを獲得するとは思ってもおらず、本当に驚きました。

　ちなみに、この時に紹介されたのは「ペイル・ブルー・ドット」という1990年に約60億キロメートルのかなたからボイジャー１号によって撮影された地球の写真です。本以外の作品を紹介する活動は、本来のビブリオバトルの目的からは外れている

かもしれません。しかし、ビブリオバトルという形式の器の大きさを感じさせてくれるものでもありました。

　全面オンライン授業になった 2020 年度の授業ではこのようなこともありました。Zoom で行っているクラスにオンラインで実演ゲストに参加してもらったのですが、そのうち 1 人は中国からの参加で、病気で今年度は休学・帰国している学生でした。オンライン授業だからこそ気軽にゲストをお願いでき、本来なら参加できない遠隔地からも参加できる、というのは新鮮な体験でした。

　語学の授業でビブリオバトルを行ってみて、最も感じたのは学生のモチベーションの高さです。授業を重ねていくと紹介したい作品がどんどん増え、「バトル回数が足りない！」といううれしい悲鳴もありました。「勉強している」と意識することなく自然に日本語を使えるのは、このクラスの大きな強みです。

　学生のモチベーションを刺激した大きな要因には、ディスカッションを中心としたクラス内の相互作用があります。また、「チャンプ本」という設定があることで、「次は勝ちたい」「次も勝ちたい」という欲が生まれるのもモチベーションを刺激します。「勝ちたいからこのクラスで勝てそうな本を本屋で探してきた」という学生もいました。聴衆の傾向を考慮して作品を選ぶ、という意識が生まれるのもこのクラスの効果といえるでしょう。

　とはいっても、5 〜 6 回目のバトルになると、最終的には勝つことを優先するのではなく「自分の好きな作品を紹介したい」という原点に戻ってくる学生が多く見られました。「どのように作品を選ぶか」という点にも変遷や成長がみられるのは、単発のイベント的なバトルではなく、継続的にバトルを行うクラスだからこそだと思います。

2

留学生とビブリオバトル

室蘭工業大学 教授　須藤秀紹

1．留学生のための日本語授業としてのビブリオバトル

　パブリックスピーキングは、プレゼンテーションやスピーチのように、「ある程度改まった場所で、1人の話し手が対象となる複数の聴衆に、自分の責任において自分の考えを論理的にまとめて伝えようとする[※1]」一対多のコミュニケーションの形式です。授業やゼミでのディスカッション、研究発表会でのプレゼンテーション、就職活動における面接官たちへの自己 PR など、学生生活においてもパブリックスピーキング能力が求められる場面は数多くあります。日本で学ぶ留学生にとっても、日本語の基本的な文法をマスターした後に身につける必要がある大切な能力の一つであるといえます。しかし、この能力の育成には実践的な経験の積み重ねが必要であり、教科書に書かれたスキットをいくらくり返し勉強したところで身につくものではありません。そのため授業設計がむずかしく、通常のカリキュラムの中で効果的に教えられることはあまりありませんでした。

　私たちの研究チームでは、2010 年頃からビブリオバトルのプレゼンテーション能力開発機能をはじめとするさまざまな機能[※2,3]と語学教育との親和性に着目し、語学教育のなかでも中級以上の内容と考えられているパブリックスピーキング教育にビブリオバトルを導入する手法を研究、実践してきました[※4]。そして、2011 年度からは、室蘭工業大学の留学生のための日本語の授業（中級クラス）の一部にビブリオバトルを導入しています[※5]。この授業では、ビブリオバトルが持つ①テーマ・内容の自由度の高さ、②全員投票によるフィードバック効果、③時間制限による内容構成への意識の強化の 3 つの利点に特に注目しています。ビブリオバトル導入部分の授業の流れは次の通りです。

（1）ビブリオバトルについての説明と日本人学生によるデモンストレーション
（2）ビブリオバトルの練習（1 分間の発表に挑戦）
（3）ビブリオバトルの練習（3 分間の発表に挑戦）
（4）3 分で行ったビブリオバトルの最初の 1 分を振り返り、興味を持って貰うためにはどうすればよいかを考える。そして最初の 1 分だけをもう一度やってみる。
（5）ビブリオバトル（本番・公式ルール）

　最後のビブリオバトル（本番）には、授業を受講している留学生だけではなく、ボランティアの日本人学生も聴衆として加わります。このことは留学生たちにも事前に

伝えるようにしています。日本人学生が参加することで彼らの本番に向けての緊張感が増し、また事前準備へのモチベーションも向上するようです。

　あくまでパブリックスピーキング教育が目的なので、紹介する本の言語は敢えて問わないことにしています。紹介する本の内容や魅力をしっかりと理解した上で発表に臨んでもらいたいということも、日本語の授業なのに日本語の本に限定していない理由の一つです。

　よく紹介されるのは、自国の有名な小説や歴史書のほか、日本でベストセラーになった小説の自国語翻訳版、マンガ、ゲーム関連本などです。彼らの書籍の選択から感じられるのは、「自分たちの国の文化を知ってもらいたい」「自分たちの国でも日本の文化が人気があることを伝えたい」という気持ちです。この気持ちが「人前で外国語で話す」という行為に対するモチベーションとして有効に機能しているように思います。

　例年、授業の最後に「ビブリオバトル室蘭工業大学留学生大会」を開催しています。これは、次章で紹介する「ビブリオバトル世界大会」の予選会を兼ねており、このことも学生たちの学習意識の向上につながっているようです。

２．国際的なワークショップのアイスブレイク[※6]としての　　ビブリオバトル

　ビブリオバトルは留学生のための語学教育の場だけではなく、外国人学生との短期交流にも活躍しています。室蘭工業大学では、協定校の一つであるチェンマイ大学（タイ）と毎年持ち回りで「機械工学とロボットに関する合同シンポジウム（MIER）」を開催しています。これは、双方の学生間の学術交流を目的としており、学会形式の研究発表や研究室訪問、グループワークなどを含む内容となっています。

　2019年にはMIER2019と題して、7月3日から6日までの4日間、チェンマイ大学から5名の学生を室蘭工業大学に迎えて開催されました。期間はたったの4日間。しかも、集まっているのは専門分野も母国語もちがう学生たちです。彼らが早く打ち解けて、有意義な交流を持つことができるような仕掛けが必要でした。そこで、アイスブレイクとしてビブリオバトルを開催することにしました。

　当日は、チェンマイ大学の教員たちも見守るなか、ビブリオバトルに関するレクチャー（ルールの説明や日本での普及状況、効果などの解説）に続き、参加者12名を3つのテーブルに分けて、ワークショップ形式でゲームを行いました。テーブルにはちょっとしたお菓子や飲み物を用意して、「ビブリオバトルカフェ」の雰囲気を演出しました（ワークショップにお茶とお菓子は欠かせません！）。

　参加者の国籍はタイ、日本、中国とさまざまだったので、発表に用いる言語は、共通のコミュニケーションツールである英語です。少し緊張気味の学生もいたのですが、レクチャーのなかで、「とにかく、『この本が好き』という気持ちが伝わることが大切です。ここでは英語の細かい文法なんて誰も気にしません。私たちの共通言語は『ア

ジアン・ブロークン・イングリッシュ』です！」と伝えると、みんな肩の力が抜けたようでした。英語の多少の上手下手はあるかもしれませんが、この場にいるのはみんなアジアの学生、「みんな英語はネイティブではない」ということも彼らの気持ちを楽にしていたように思います。

　自己紹介タイムのあと、少し雑談タイムをとってから、いよいよビブリオバトルの開始です。普段はあまり英語を喋りたがらない日本人学生たちも、自分の言葉で一生懸命コミュニケーションを取ろうとしている姿が印象的でした。

　チェンマイ大学の学生たちには、事前に詳細は伝えず、ただ「何でもいいから好きな本を１冊持参してほしい」とだけ指示してありました。その結果、小説や写真集、料理レシピなどいろいろな種類の本が集まりました。もちろん、それらのほとんどはタイ語で書かれたものです。日本の学生は、まったく読むことはできないわけですが、それでもバトル終了後には「ちょっと見せて」と興味深そうにページをめくる姿がみられました。

　結果的にこのアイスブレイクは大成功でした。参加した両大学の学生たちは打ち解けあい、ワークショップでは活発なディスカッションが展開されました。その交流はワークショップが終了して帰国した後もFacebookなどを通じて続いているようです。

３．ビブリオバトル世界大会

　みなさん、WBCと聞くと何を思い出しますか？　スポーツ観戦が好きな人は、野球の国際大会を思い出すかもしれません。でも、もう一つ、大切な国際大会があるのです。この本を読んでいる方ならばもうわかりますね。そう、ビブリオバトル世界大会（World Bibliobattle Championship: WBC)[7]です！

　ビブリオバトル世界大会は「ビブリオバトルを活用した日本語教育」を世界に広めるために、日本語を母国語としない人たちを対象とした大会として、2014年より毎年開催されています。ゲームのルールはビブリオバトル公式ルールに従いますが、大会ルールとして、下の２点を追加しています。

①　紹介する本はどのような言語で書かれていてもよいが、発表は日本語で行う
②　シェアタイム（ディスカッション）は必要に応じて通訳を用意する

　①は、先に述べた留学生のための日本語授業への導入時と同じ理由からです。また②は、発表者、聴衆双方の心的なバリアを排除して、有意義な交流を可能にするために導入しました。

　図１は大会の流れを説明したものです。予選会開催希望者は、募集期間に開催日、

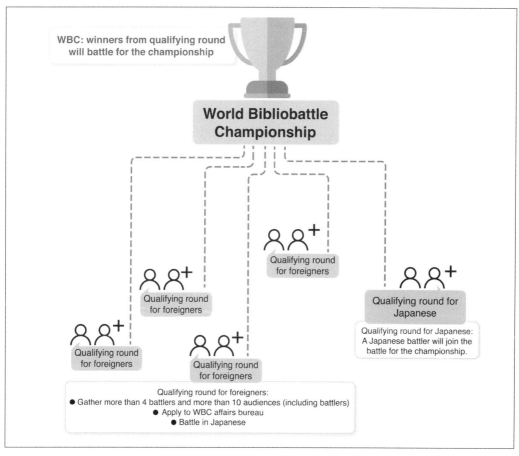

図1　ビブリオバトル世界大会の流れ

開催場所、おおよその参加人数などの情報を添え、申込み期日までに e-mail で申込みます。予選会に参加できるのは、「日本語を母国語としない人」で、現在の在住地は問いません。4人以上のバトラーと10人以上の投票者（バトラーも含む）で予選会成立とします。それぞれの予選会でチャンプ本を獲得したバトラーが、ファイナリストとしてビブリオバトル世界大会に招待されます。

　これとは別に、毎回「日本代表」として、日本語を母国語とするバトラー1名の参加を認めています。これまで、ビブリオバトル世界大会実行委員会が主催する「日本代表決定戦」の勝者や、全国大学ビブリオバトルの決勝進出者などを「日本代表」として招待してきました。

　そしてビブリオバトル世界大会のチャンプ本獲得者を、その年の「ビブリオバトル世界チャンピオン」として表彰します。これまで6名の世界チャンピオンが誕生しています（2020年6月現在）。

図2　第6回ビブリオバトル世界大会
　　　（WBC2019）告知ポスター

　2015年から毎年北海道室蘭市で開催して来ましたが、WBC2019は会場を北海道白老町に移しました。これは、日本最北の国立博物館を含むナショナルセンター、ウポポイ（民族共生象徴空間）のオープン（2020年7月12日）で盛りあがる白老町が、さまざまな母国語をもつ人たちが集い、本について熱く語り交流するビブリオバトル世界大会の場として相応しいと考えたからです。図2にWBC2019の告知ポスターを、下の表に実施体制をそれぞれ示します。

主催：ビブリオバトル世界大会実行委員会（委員長：須藤秀紹）

共催：白老町、いぶりびぶりぶ♪、室蘭工業大学国際交流センター、室蘭工業大学付属図書館、
　　　ビブリオバトル北海道

協力：ビブリオバトル室蘭　　お問い合わせ先：wbc_office@bbh.jpn.org

　国立台中科技大学（台湾）では、応用日本語学会が中心となって、毎年大々的な予選会を開催していてくれています。WBC2019にも王昕茹さん、謝欣蓉さんという2名の強力なバトラーを代表として送り込んできました。

　またWBC2019では、新たにバンコク（タイ）にある泰口工業人学で予選会が開催されました。初めての開催にもかかわらず、参加希望者がとても多かったので、予選会を2段階で実施しました。

　まずは全体を4つのグループに分けて、車座になってのワークショップ型ビブリオバトル。そしてそれぞれのグループのチャンプ本獲得者がファイナルラウンドに進出しました。ファイナルラウンドでは54名の聴衆による投票の結果、『ジャッジメント（タイ語版）』（小林由香／著）を紹介した 経営学部日本語経営学科3年のスクリッさんが見事決勝大会進出を勝ち取りました。

　2019年12月7日(土)の決勝大会に駒を進めたのは、中国、ネパール、タイ、台湾（2名）そして日本から参加の6名のバトラーでした。ネパール人のリトゥ・クマル・ドゥラさんはラジオ番組NHKジャーナル「本好きな外国人による“国際”書評バトル」の勝者で、招待バトラーとしての参加です。

　また、「日本人代表」には、全国大学ビブリオバトル2019北海道地区決戦ファイナリストの酒井俊貴さん（拓殖大学北海道短期大学農学ビジネス地域振興ビジネスコース2年）を招待しました。

　64名の聴衆による投票の結果、チャンプ本に選ばれたのは、台湾から参加の王昕茹さんが紹介した『悪意の心理学』（岡本真一郎／著、中央公論新社）でした。

　表1はこれまでのビブリオバトル世界大会の概要をまとめたものです。この表を見るとわかるのですが、面白いことに強力な日本代表を招待しているにもかかわらず、まだ日本人が世界チャンピオンになったことはありません。やはり、日本語が母国語ではないバトラーが一生懸命話す姿に共感するのかもしれません。

表1　ビブリオバトル世界大会の概要

開催年月日	場所	予選参加大学	書名、著者名（発表者の国籍）　☆印はチャンプ本
2014年10月25日	中島コンソーシアムふれあいサロンほっとなーる（室蘭市）	室蘭工業（日本）、国立台中科技（台湾）、華中科技（中国）、RMIT（オーストラリア）	1. 友罪、薬丸岳（日本） 2. 科学論文の英語用法百科、グレン・パケット（中国） 3. 奇怪ねー台湾　一個日本女生眼中的台灣、青木由香（台湾）☆ 4. 知日！知日！这次彻底了解日本（中国） 5. 黒馬物語、アンナ・シュウエル（ジンバブエ） 6. Hatchet、Gary・Paulsen（オーストラリア）
2015年10月24日	中島コンソーシアムふれあいサロンほっとなーる（室蘭市）	室蘭工業（日本）、国立台中科技（台湾）、河南理工（中国）、室蘭栄高校（日本）	1. 夜と霧、ヴィクトール・フランクル（マレーシア） 2. 留学生と日本人学生のためのレポート論文表現ハンドブック、二通信子他、（タイ） 3. 台湾はなぜ親日なのか、田代正廣（台湾） 4. 美しい話し方のレッスン、金井良子（中国）☆ 5. 図書館戦争、有川浩（日本）
2016年10月22日	中島コンソーシアムふれあいサロンほっとなーる（室蘭市）	華中科技（中国）、室蘭工業（日本）、国立台中科技（台湾）、RMIT（オーストラリア）	1. 平凡的世界、路遥（中国） 2. 黄帝内経、著者不詳（中国） 3. もしもディズニーが店長だったら、大住力（台湾）☆ 4. The Color of Magic、Terry・Pratchett（オーストラリア） 5. 命売ります、三島由紀夫（日本）
2017年11月3日	室蘭工業大学付属図書館（室蘭市）	室蘭工業（日本）、国立台中科技（台湾）、大葉（台湾）、RMIT（オーストラリア）	1. 水声、川上弘美（台湾） 2. 眠り月は、ただ骨の冬、櫛木理宇（マレーシア） 3. もらい泣き、冲方丁（日本） 4. 真ん中の子どもたち、温又柔（台湾） 5. The Alchemist、Paulo Coelho（オーストラリア）☆

開催 年月日	場所	予選参加大学	書名、著者名（発表者の国籍）　☆印はチャンプ本
2018年11月11日	室蘭工業大学付属図書館（室蘭市）	室蘭工業（日本）、国立台中科技（台湾）、華中科技（中国）、RMIT（オーストラリア）、放送（日本）	1. やばいほど使える！黒い心理学、樺旦純（中国） 2. 臆病な僕でも勇者になれた七つの教え、旺季志ずか（台湾） 3. 舌の上で味わう中国、CCTV 記録チャンネル（中国） 4. ラーメンの歴史学、バラク・クシュナー（日本） 5. The call of Cthulhu、H.P.Lovecraft（オーストラリア） 6. ツバキ文具店、小川糸（台湾）☆
2019年12月7日	白老コミュニティセンター（白老郡白老町）	拓殖大短期（日本）、室蘭工業（日本）、㈱GMTインターナショナル（日本）、泰日工業（タイ）、国立台中科技（台湾）	1. よるのばけもの、住野よる（日本） 2. 三体、劉慈欣（中国） 3. 花ちゃんのみそ汁、安武信吾ほか（ネパール） 4. ジャッジメント、小林由香（タイ） 5. 悪意の心理学、岡本真一郎（台湾）☆ 6. 株式会社タイムカプセル社、喜多川泰（台湾）

　今後もビブリオバトル世界大会を「日本語を学ぶ人たちの憧れの舞台」として大切に育ててゆきたいと考えています。読者のみなさんも、機会があればぜひ会場に足を運び、さまざまな国籍のバトラーたちの日本語による熱い戦いをご覧ください。

※1　ヒルマン小林恭子．深澤のぞみ：日本語のビジネススピーチの特徴と日本語教育への活用の可能性，JSAA-ICJLE 日本語教育国際研究大会．p.123.（2009）
※2　谷口忠大．川上浩司．片井修：ビブリオバトル：書評でつながりを生成するインタフェースの構築．ヒューマンインターフェースシンポジウム 2009, CD-ROM, 2009
※3　須藤秀紹：ビブリオバトルの科学．ビブリオバトル入門．情報科学技術協会．pp.114-134.（2013）
※4　須藤秀紹．山路奈保子．李セロン：留学生のための日本語学習への書評ゲーム「ビブリオバトル」導入の試み．日本シミュレーション＆ゲーミング学会全国大会論文報告集 2012 秋号．pp.99-102.（2012）
※5　山路奈保子．須藤秀紹．李セロン：書評ゲーム「ビブリオバトル」導入の試み－日本語パブリックスピーキング技能の育成のために－．日本語教育．No.155,. pp.175-188.（2013）
※6　アイスブレイク　初対面の人が打ち解けるようなきっかけをつくる手法
※7　ビブリオバトル世界大会 Facebook ページ．ビブリオバトル世界大会実行委員会
https://www.facebook.com/WorldBibliobattleChampionship/

ソロモン諸島での実践をもとに

立命館大学情報理工学部　創発システム研究室客員研究員　益井博史

　子どもたちへの、読書習慣の定着と促進。それが、青年海外協力隊として２年間ソロモン諸島に赴任することになった私のミッションでした。現地でビブリオバトルの普及活動をすることを通して、私はソロモン諸島の読書環境や教育と向き合うことになりました。ここでは、私のソロモン諸島での取り組みと、そこで得た学びをいくつか紹介します。日本で行う英語でのビブリオバトルとは、背景や文脈が大きく異なるかもしれません。ただ、ソロモン諸島での読書推進活動は、後述のように外国語学習と密接にかかわっています。英語ビブリオバトルを考える上でのヒントになれば幸いです。

1．「最後の秘境」ソロモン諸島

ソロモン諸島イザベル州の村のようす

　ソロモン諸島と聞いて、すぐに場所を答えられる人はめずらしいかもしれません。本コラム執筆時点では『地球の歩き方』にも載っていない国ですし、私も青年海外協力隊に応募するまで知りませんでした。ソロモン諸島は、オーストラリアの北東、南太平洋にある島嶼国です。大小およそ 1,000 の島々から成り立っていて、日本人にとっては首都ホニアラがあるガダルカナル島が、太平洋戦争の舞台となったことで耳なじみがあるでしょう。年間通して高温多湿の海洋性熱帯雨林気候で、慣れるまではかなり蒸し暑く感じます。ただし、一度慣れると季節の変化があまりないので過ごしやすくなります。人口は約 65 万人（2018 年、世界銀行調べ。東京都江戸川区

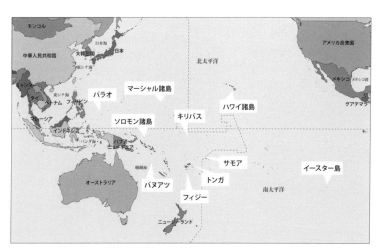

と同じくらい）で、そのうちの約 94％ がメラネシア系の人々です。天然の熱帯雨林と珊瑚礁が広がる自然豊かな国で、2017 年には WHO（世界保健機関）の報告書で「世界で最も空気が綺麗な国」にも選ばれています。

　私が暮らしていたのは、ガダルカナル島の北西に位

置する、イザベル州（9 州および首都区域からなる 10 の行政区画のひとつ）の州都ブアラです。

2．ソロモン諸島の読書環境

　私の赴任先は、イザベル州教育局という部署でした。州内にあるおよそ 50 の小・中学校を管轄し、各学校への予算配分、教員の研修・評価、人事異動や学校からの要望のとりまとめなどを行っています。前述の通り、私の任務は小・中学生への読書推進活動でしたが、赴任した当初はソロモン諸島の子どもたちがどの程度本を読んでいるのかまったくわかりませんでした。そこで、近隣にある小学校に依頼してアンケート調査を行った結果、「アンケートの質問の意味を理解するのがむずかしい子どもが少なくない」ことと、「授業で教材を読むことを読書とみなしている子どもが多い」ことがわかりました。日本とは読書推進の前提がちがうことを痛感するアンケート調査となりました。さらに、活動のなかで少しずつ把握した、ソロモン諸島の読書事情について、言語、書店、図書室の 3 つの面にふれておきます。

●話し言葉と書き言葉

　ソロモン諸島の公用語は英語で、ソロモン諸島に存在するほとんどの本は英語のものです。ただし、日常生活で英語を使う人は限られています。ソロモン諸島には島や地域ごとに固有の現地語が約 120 あるとされていて、同じ現地語を使う人同士の結束が強いのです。異なる現地語の人同士が話すときは、英語ではなくピジン語（現地語と英語が混ざって形成された言語）が使われるのが一般的です。私も日常生活ではピジン語を使っていました。授業中は英語を使う学校が多いのですが、それでも母語はピジン語か現地語の人がほとんどです。英語はいわば「学校で習う言語」なのです。そのため英語の本を読むのはハードルが高い面があります。

　ちなみに識字率については、政府のデータによると 1999 年時点で約 77％（日本は約 99％）だそうです。

●書店があるのは「当たり前」ではない

　実は、ソロモン諸島には日本でイメージするような書店はありません。首都ホニアラには聖書を扱う店があったり、華僑の人が運営する商店の隅でたまに書籍を見かけることがありますが、地方ではそれもほぼないのです。書店がないことを現地で知ったときは、いかに自分が日本の常識に縛られていたかを感じました。

●鍵のかかった図書室

　書店がない国で、子どもたちがどのように本にアクセスするのか疑問に思われる方もいるでしょう。実際アクセスできていないことが多いのですが、本がまったくないわけではありません。外国から、援助のため学校に図書が寄贈されることがあるからです。

　ただし、高温多湿で本の保管にとっていい環境であるとはいえず、教員に図書室

運営のノウハウが不足していることもあり、ふだんは子どもが触らないよう鍵をかけている学校も多いのです。

　このような理由で、ソロモン諸島の子どもたちにとっては本へのアクセスが限られている上、英語の本を読むこと自体のハードルも高くなっています。前述のアンケートで子どもたちが英語の質問の意味を汲み取れなかったり、授業での教科書を読書とみなしていたのも、こういう背景があったのでした。電子書籍など、インターネットを使ってカバーできないかと思われるかもしれません。その可能性はもちろんあるのですが、今のところソロモン諸島でインターネットをそれなりに使えるのは、首都などいくつかのエリアに限られています。私のいたブアラも、通信環境は壊滅的で、日本ですぐ検索できることに慣れきっていた身としては辛いものがありました。

3．夢見るビブリオバトル

　そのような状況のなか、子どもたちに読書習慣を根づかせるためには、まず本にアクセスできる可能性を高めることが必要だと考えました。そこで取り入れたのが、日本での開催経験があったビブリオバトルでした。授業にビブリオバトルを導入できれば、少なくともビブリオバトルを行うたびに図書室の鍵を開けることができ、子ども

たちが本にふれることができます。本にふれた子どもたちが読書の面白さに気づけば、図書室を常に開放する動きにつながるかもしれません。

　そんな熱い思いで挑んだビブリオバトルの普及活動は、当初かなり順調に回っているように感じました。私の拙いピジン語でも、ビブリオバト

イザベル州教育局のビブリオバトル

ルのシンプルなルールを伝えるのはあまりむずかしくなく、日本語でなくてもゲームとして成り立つことがすぐにわかりました。職場のイザベル州教育局には蔵書2,000冊ほどの図書館が併設されていたので、そこを使ってビブリオバトルを行うことができました。言語については初めのうち特にルールを設けていませんでしたが、子どもたちは絵本（英語のもの。ピジン語で書かれている本は図書室になかった）を英語か、ピジン語が混じった英語で紹介していました。といっても絵本の文章をそのまま読み上げる子どもがほとんどでしたが。子どもたちのようすを見て、発表時間は5分間から3分間に縮めて行いました（そのため正確にはミニ・ビブリオバトルを行なっていました）。週に一度の開催には、外国人の私へのめずらしさもあり、学校帰りの子どもたちが大勢集まるようになっていきました。

4.「英語」という思い込み

　しかし、ビブリオバトルはなかなか学校で開かれませんでした。私が出張した際に生徒たちと行って見せても、ことごとくその場限りのイベントで終わってしまいました。また、未舗装の悪路しかないので出張は主にエンジンつきのボートを使うのですが、その費用の確保ができず出張の機会自体が少なかったのです。普及活動は頓挫の危機にありました。

学校図書館でのビブリオバトル

　一方、職場併設の図書館を使ってのビブリオバトルを続けているうち、ある発見がありました。先述の通り、ほとんどの子どもたちは絵本を紹介し、そして発表では絵本をそのまま読み上げていました。読み上げに関しては、正直なところもっと個性溢れる紹介をしてほしかったのですが、ビブリオバトルのルール上違反とは言い切れないし、ディスカッションの時間は盛りあがっていたので、それで充分だと思っていました。しかしある日、図書室で上級生の女の子が小さい子どもを相手に本の中身を説明しているようすを見かけたのです。彼女は、小さい子でもわかるように、英語の文章をピジン語に言い換えて話していました。それをきっかけに、ある考えが浮かびました。「英語を使うのを禁止してみてはどうだろうか？」と。

　その効果は予想以上に大きいものでした。英語を禁止して、ピジン語で話すよう促したとたん、子どもたちの紹介には個性や工夫が見られるようになりました。そして発表は聞き流す時間ではなく、注目すべき時間だ、という意識が彼らのなかに生まれるのを感じました。子どもたちにも、「本に関する取り組みだから、英語でないといけない」という思い込みがあったのです。職場でのビブリオバトルはより一層盛りあがるようになりました。

　そんなことを続けているうちに、学校の方にも新たな展開がありました。私の活動を理解してくれた同僚が、自分の出張の際にビブリオバトルを伝えてくれて、その学校で継続して行われていることがわかったのです。2年間の任期のうち1年4カ月が経ち、ようやく自主的に開催してくれたときの感動は、言葉にもあらわせないようなものでした。

　それをきっかけに、ビブリオバトルはソロモン諸島の中でちょっとしたムーブメントとなりました。ビブリオバトルをイザベル州教育局の取り組みとして全国の教育局の会議でプレゼンしたところ、他の州にも出張して広めてほしいというオファーが殺到したのです。JICA にも支援してもらい、50日間で7島、計23回のワークショップを行うことができました。新聞にも何度も取り上げられ、少しだけ有名人の気分を

味わうことができました。

　青年海外協力隊の2年間で、ビブリオバトルは自分で行っただけで計102回、およそ3,000人の参加者を巻き込んだことになりました。その後どれだけ続いているかは定かではありませんが、町のイベントとしてトロフィーを購入したとか、帰国してからも学校対抗戦が行われた、という情報を受け取ったりしていますから、まだ忘れ去られてはいないようです。私のミッションである読書習慣の定着につながったのかどうかはわかりません。ただ、ビブリオバトルが行われた数だけ、子どもたちが読書の世界にふれたことは確かです。

5．なぜビブリオバトルはソロモン諸島で受け入れられたのか？

　1校目で開催されるまでは長かったのですが、ビブリオバトルがソロモン諸島で受け入れられた（と言っていいなら）のには、3つの理由があると感じています。1つ目は、新たな機材が必要ないことです。ソロモン諸島の学校では概ね機材が不足しています。パソコンが1台もない学校も多いのです。ビブリオバトルは、時計やスマートフォン（電波が届かない地域の人もなぜか持っていることが多い）など時間を測るものと、本さえあれば行えます。このことはどこの先生からも大変好評でした。

　2つ目は、教員のニーズです。ソロモン諸島では、1人1冊教科書を配付できないことが多いのです。そのため、授業では教員がひたすら板書し、それを生徒がひたすらノートに書き写し、教科書の代わりにする、というような形式が一般的です。ただそのような授業ばかりではなく、生徒の自主性を引き出したいのにアイデアがない、と感じている先生がたくさんいることが、学校を回ってみてわかりました。そんな教員にとっては、ビブリオバトルは大きな手間を掛けず生徒の発信の機会を設けられる仕組みとして映ったのだと思います。

　そして最後は、ビブリオバトルが楽しいゲームであることです。これは大切な要素で、日本でビブリオバトルがブームになっているのも、考案の段階で、「教員が学生にさせるもの」としてではなく「自分たちが楽しく目的を果たせるためのもの」としてデザインされたからだと思います。学生や生徒にさせるため、と考えてルールを設計すると、どうしても「やらせたい（学ばせたい）こと」が中心になってしまいがちです。ビブリオバトルの楽しさの理由はいくつもありますが、最も大きいのは深いコミュニケーションが取れることではないでしょうか。ソロモン諸島でのビブリオバトルの場合、「英語を禁止にする」という発想が楽しさのターニングポイントだった気がしています。「英語の本を紹介するのだから英語を使わないといけない」という思い込みが、コミュニケーションを阻害してビブリオバトルの楽しさを少し削ってしまっていたのです（ちなみに学校に紹介する際は、「生徒の語学レベルに応じて、使用言語を設定してください」と伝えるようにしました）。

６．日本での英語学習に活かすには

　この気づきは、日本での英語ビブリオバトルを考えるときにも役に立つかもしれません。「生徒に英語を学ばせること」ではなく「生徒が英語を使って楽しく学習できること」に焦点を合わせると、ビブリオバトルの行い方も変わってくるのではないでしょうか。

　日本語話者が英語でビブリオバトルを行う場合、**①英語の本を日本語で紹介する**、**②日本語の本を英語で紹介する**、**③英語の本を英語で紹介する**、の３つのステップが考えられます。

　例えば、最初は**①紹介する本を英語の絵本から選び、日本語で紹介してもらいます**。紹介したいと思う本に出会うまで、生徒は何冊もの絵本を読むことになるでしょう。

　次に、**②日本語で書いてあるお気に入りの本を、英語で紹介してもらいます**。これはぐっと難易度が上がります。日本人よりも英語にふれる機会の多いソロモン諸島の人々でも、英語のコミュニケーションはむずかしいのです。そのため、このとき生徒が紹介する本はマンガでも OK にするなど、生徒が心から好きで紹介したいと思える本にするべきでしょう。紹介したいという気持ちがあるからこそ、本の魅力が伝わるように発表を工夫するからです。また、ディスカッションを英語・日本語のどちらで行うかも状況に応じて選ぶことができます。

　①と②をくり返し、慣れてきたら、**③英語の本を英語で紹介するビブリオバトルに挑戦する**とよいでしょう。

　語学レベルやビブリオバトルへの習熟度に応じてやり方を変えることで、ビブリオバトルの楽しさを損なわず、英語学習に役立てることができるのではないでしょうか。特に教育現場では教員の学ばせたいという思いが先行しがちなので、意識して参加者が楽しめる空間にすることが、長期的に見て有用だと思っています。

　英語でのビブリオバトルのノウハウは、日本の学習者だけでなく、海外、特に発展途上国の英語学習者にとっても役立つことでしょう。ビブリオバトルの可能性に心を踊らせて、今後も普及活動に携わっていきたいと思っています。

本コラムの活動詳細は
『ソロモン諸島でビブリオバトル』
（子どもの未来社）に掲載されています。

英語でビブリオバトル　表現集

　ここでは、英語でビブリオバトルを行う上でのさまざまな英語表現をまとめてみました。ビブリオバトルはライブ感を大事にするゲームですから、原稿をあらかじめ用意することは趣旨にそぐわない部分もありますが、発表そのものより進行部分に焦点を当てた頻出表現集としてご活用ください。

Presentation（発表）

Introducing your book and the author：本・著者の紹介

　書籍に関する基本的な情報を伝える表現です。書名や著者名、何について書かれた本かという情報は、紹介しているバトラー本人には親しみがありますが、聴いている人には初めて耳にすることですので、はっきりと伝えるのがいいでしょう。

I chose a book called (*title*) .
私が選んだ本は（タイトル）です。

It is written by (*author*).
（著者）によって書かれています。

Today, I'll introduce this book,(*title*),which (in English) means….
今日、私はこの本（タイトル）を紹介します。（タイトル）は（英語で）…という意味です。

The book I would like to introduce today is about(*subject*).
今日私が紹介したい本は（トピック）についての本です。

I read/found this book when ○○ .
○○の時、私はこの本を読みました / 見つけました。

Describing the style of the book：本のジャンル

　本のジャンルや種類を紹介する表現です。最大公約数的な本の特徴を述べることで、聴いている側はどういう姿勢でこれから先の話を聴けばいいのか、いわば「心の準備」をすることができます。

This is a ○○ (hard science fiction story).
これは○○（SF 小説）※1 です。

It is an interesting book which reads as if it were written by a historical character.
まるで歴史上の人物によって書かれたような面白い本です。

※1　ジャンル表現
autobiography：自叙伝　biography：伝記　fantasy：ファンタジー文学　crime novel：犯罪小説
detective story：推理小説　historical fiction story：歴史小説　myth：神話　picture book：絵本
study guide：参考書　new release：最新作　page-turner：読み出したらやめられない本

Discussing the contents of the book：本の内容について話す

　紹介している本全体の感想や読後感を聞き手に伝えることで、バトラーがどのようなスタンスに立ってその本を紹介しているのかを明らかにします。

This is a story of a ○○ .
これは ○○ の話です。

This book is easy for anyone to read.
この本は、誰にとっても読みやすいです。

This is an interesting book because ○○ .
これはとても興味深い本です。なぜなら ○○ 。

This is a book full of humor and irony.
これはユーモアと皮肉がたっぷりつまった本です。

The first chapter talks about ○○ .
第 1 章では ○○ について話しています。

Describing who would like this book：本と読者の関係について

　紹介している本がどういう人を対象としているのか、あるいはどういう人が興味を持ちそうかを伝えることで、聞き手は本と自分の関係性を意識することができます。

The main character, (*name*) is a ○○ .
主人公、(名前) は ○○ です。

The protagonist of the book is ○○ .
この本の主人公は ○○ です。

Discussing the contents of the book：本の内容について話す

　紹介している本全体の感想や読後感を聞き手に伝えることで、バトラーがどのようなスタンスに立ってその本を紹介しているのかを明らかにします。

For anybody who is interested in ○○ (science), this is a great book.
○○ （科学） に興味のある人にとって、特にこれはよい本です。

I think it is a good book for pretty much anybody.
どんな方でも楽しめる本だと思います。

I can recommend it, particularly if you are interested in ○○ (history).
If not, it is just a really good read.
○○ （歴史） に興味のある方には、この本は特におすすめです。

そうでなくても、とてもよい読みものです。

This is a must-read for anyone who would understand ○○ (the
intricacies of modern Japan).
この本は○○ （現代の日本の複雑な事柄）を理解したい人にとって必読です。

Recommending the book：本をすすめる

ビブリオバトルは本を読みたい気持ちにさせるゲームです。ここで示したのはあくまでも一例ですが、さまざまな強調表現で本をすすめてみましょう。

This book is very ○○ (interesting).
この本はとても ○○（面白い）です。

The most helpful thing in this book is ○○ .
この本の最も役立つ点は ○○ です。

This book is a very special book to me. It changed my life.
この本は私にとって非常に特別な本で、私の人生を変えました。

I have read it two or three times, because it is a great story.
私はそれを 2、3 回読みました。なぜならすばらしいストーリーだからです。

This book is a real page-turner.
この本は読みだしたら止まらないほどに面白いです。

I really can recommend this book.
この本はとてもおすすめです。

Give it a shot.
試してみてください。

Describing criticism：本の批評

紹介している本についていろいろな意見や批評が存在していることを譲歩的に表現することで、バトラーのフェアネス（公正さ）を示すとともに、視野の広さを際立たせることができます。

Some people have complained that the book ○○ (tends to tell more than show). However, in my opinion, it's another good point of this book, because ●●.
この本について ○○（実際よりも大げさに話されている）と不満をいう人々もいます。けれども、私が思うに、それもまたこの本のいいところなのです。なぜなら●●だからです。

Clarifying your point：要点を明確にする

発表の終盤、強調したいことを簡潔に表現し、アピールします。
なぜこの本をすすめているのか？　紹介している本の要点、おすすめの理由など、これまでに述べてきた重要な点を簡潔にパラフレーズ（言い換え）してくり返します。

What I mean by that is ○○ .
私が言いたいことは、つまり○○です。

～ which means ○○ .
～というのはつまり ○○。

Summarizing：まとめ

発表の最後は、全体のまとめや印象的なフレーズで締めくくりましょう。

To sum up, ○○　(this is a highly interesting book).
要するに、○○　（これは非常に面白い本なの）です。

Time is running out. Please read this book to check out the details.
時間がなくなってきました。　この本を読んで、詳細を確認してください。

Giving a quote from the book：引用を用いる

本の内容をそのまま抜き出して紹介するときの表現です。印象的なフレーズを引用することで発表をしめくくる方法もあります。

To quote the book, " ○○○ ".
この本から引用すると、「○○○」。

I would like to end with a quote from the book.
この本からの引用で終わりたいと思います。

I would like to end with a couple of quotes.
いくつかの引用を用いて終わりにしたいと思います。

Discussion（質疑応答）

ビブリオバトルではバトラーの発表と同じくらい、質疑応答の時間が大切です。聞き手は質問を通じて本に対する理解を深めることができ、バトラーは時間内に説明できなかった情報を加えることができます。日本では授業などでも質問しづらい雰囲気になることがありますが、国際学会などでは興味深い発表ほど質問が出ます。質疑応答をしっかり行えることは英語圏の重要なコミュニケーションのリテラシーといえるでしょう。

Before asking questions：質問の前に

質疑応答の目的はトピックについて理解を深めることであり、質問者と回答者の双方の円滑なコミュニケーションが求められます。以下のような表現を参考にして、マナーをもって質問してみましょう。

Q: Thank you for your presentation.　I have a question about ○○ .
発表ありがとうございます。　　　　　　　　○○について質問があります。

A: Sure. / Yes, of course.
はい、どうぞ。/ もちろんです。

Q: May I ask another question?　　A: Yes, we have a few minutes.
もうひとつ質問をしてもよいですか？　　はい、もう少し時間があります。

Q: Do we have time for another question?
もうひとつ質問をする時間がありますか？

A: Well, actually, we are just about out of time. I am very sorry.
すみません、もう時間がありません。

Asking for an explanation：説明を求める

質問者はバトラーに対してどのような質問かを明確に伝える必要があります。以下は発表内容の中で不明確だったことについて、さらなる説明を求める表現です。

Q: What do you mean by ◯◯？　　A: It means ◯◯ .
　　◯◯というのはどういう意味ですか？　　　それは ◯◯ という意味です。

Q: Can you give us an example of ◯◯　？
　　◯◯について例を挙げてくれませんか？

A: One example that comes to mind is ◯◯ .
　　ひとつの例として思いつくのは ◯◯ です。

Q: Are you saying that ◯◯？
　　あなたが言いたいことは ◯◯ ですか？

A: Well actually, what I wanted to say was ◯◯ .
　　いえ、実際に私が言いたかったのは、◯◯ です。

Q: Can you explain a little more please?
　　もう少し説明してもらえますか？

A: Yes, let me put it another way.
　　はい、別の言い方で説明をさせてください。

Asking about the book：本について尋ねる

以下は本の難易度や本との出会いなどの情報について尋ねる表現です。

Q: How long did it take you to read this book?
　　この本を読むのにどのくらいかかりましたか？

A: It took me about 10 hours.
　　だいたい 10 時間くらいかかりました。

A: I would say that it took a total of 20 hours to finish this book.
　　この本を読み終えるのに合計で 20 時間かかりました。

Q: How did you find/get to know this book?
　　どのようにしてこの本に出会いましたか？

A: A friend introduced it to me. / My ◯◯ recommended it to me.
　　友人が紹介してくれました。　　／ 私の ◯◯ が紹介してくれました。

A: I read about it on the Internet.
　　インターネットでこの本についての記事を読みました。

A: I found it by complete chance.
　　偶然にこの本を買いました。

Q: Who do you think would enjoy this book the most?
　　この本はどんな人にもっとも向いていると思いますか？

A: I think anyone would enjoy this book.
　　どんな人でもこの本を楽しめると思います。

A: I think anyone interested in ◯◯ would like this book.
　　◯◯ に興味がある人は、この本が気に入ると思います。

Asking about the author：著者について尋ねる

聞き手にとって著者の情報は重要な情報です。以下は、本の著者がどういった人物なのか、あるいはその著者が他にどういった作品を書いているかを尋ねる質問です。

Q: Was this (*author*)'s first novel?
これは（著者）の初めての小説ですか？

A: Yes, it was.　　A: Actually, this was his (her) 2nd/3rd novel.
はい、そうです。　　いいえ、これは彼（彼女）の2作目/3作目の作品です。

A: This was the third novel in a 3-part series, and in my opinion, it was the best.
これは3部作の3作目で、個人的には、一番よいと思います。

Q: Does this author only write about ○○ ?　A: Yes, mainly.
この著者の本は ○○ についてだけですか？　　　はい、主にはそうです。

A: Most of his (her) books are about ○○ , but some are about ●● .
ほとんどの彼（彼女）の本は ○○ についてですが、いくつかは ●● についてです。

Asking for an opinion：意見を求める

バトラーがその本についてどういった意見や感想を抱いているのかを尋ねる表現です。

Q: What do you think about ○○ ?　　A: As far as I'm concerned, ○○ .
○○ についてどう思いますか？　　　　　　私の意見では、○○ 。

Q: What is your opinion on ○○ ?
○○についてあなたの意見はどうですか？

A: That is a good question. In my opinion, ○○ .
いい質問ですね。私の意見では、○○ 。

Agreeing with an opinion：意見に賛成する

バトラーの発言内容に同意する表現です。こうした肯定的なコメントに対してバトラーは御礼を述べるのがマナーといえるでしょう。

Q: I completely agree with what you said about ○○ .
あなたが言った○○ について、私もまったく同意見です。

A: Thank you very much.
ありがとうございます。

Q: I agree with your point about ○○ .
○○ の点についてあなたと同感です。

A: Thank you very much. And if I might add something, ○○ .
ありがとうございます。もしさらにつけ加えるとするならば、○○ 。

Post-presentation comments to the battler：発表の感想

　バトラーの発表全体への感想を述べることも重要なコミュニケーションです。発表に対して何らかのリアクションが出たり、肯定的に受け止める雰囲気があることで、その後に続く発表と質疑応答セッションにもよい影響が期待できます。

Thank you for your presentation. You have inspired me to read this book.
ご発表ありがとうございました。この本が読んでみたくなりました。

A: I am very happy to hear that. I hope you'll enjoy it.
それを聞いてうれしいです。本を気にいってくれるといいのですが。

Your voice was very clear, and your English was very easy to understand.
あなたの声ははっきりしていて聞き取りやすく、英語もとてもわかりやすかったです。

A: Thank you very much for your kind comments.
うれしいコメントをありがとうございます。

MC Notes.（司会の言葉）

Beginning the Bibliobattle：開始

Hello everyone and welcome to today's Bibliobattle.　My name is ◯◯.
みなさん、こんにちは。本日のビブリオバトルへようこそ。　私の名前は ◯◯ です。

I will be your MC for today's event.
本日のイベントの司会を務めさせていただきます。

To begin today's event, I would like to introduce you to today's battlers.
イベントをはじめるにあたり、まずは本日のバトラーを紹介します。

We have (*name*).
（バトラー氏名）。

Let's get to the rules of today's Bibliobattle.
早速、本日のビブリオバトルのルールに移ります。 ※ルール説明は pp.11-14

Let's begin our presentations.
それでは発表をはじめます。

I welcome to the podium, ◯◯.
まず演台にお呼びするのは、◯◯ さんです。

Are you ready (*name*)?
準備はいいですか (名前) さん？

Your 5 minutes begins now.　You may begin now.
ただいまより５分の発表をはじめます。　どうぞ、はじめてください。

Transitioning to the discussion period：質疑応答への誘導

Let's move on to the 3-minute discussion period.
それでは、3分の質疑応答へ移ります。

Do you have any questions about ○○ .
　○○ についてなにか質問はありますか？

Managing time：時間の管理

We are getting close to our time limit.
制限時間に近づいてきました。

We have gone a little bit over time. Thank you for your presentation.
少々時間オーバーとなりました。　　　　　　　　発表ありがとうございました。

I'm sorry, but the time is up.
すみません、時間切れです。

Thank you, (*name*) ． Please give him (her) a big hand.
ありがとうございました。（名前）さんに、大きな拍手を。

Next speaker is（*name*）．
次のスピーカーは (バトラー氏名) さんです。

Ending presentation period and voting for the Champion Book：
終了の合図と投票

That ends our presentation period.
これにてすべての発表が終了となります。

Thank you everyone for the great presentations.
みなさん、すばらしい発表をありがとうございました。

We are now going to choose the Champion Book of the day.
それではこれより本日のチャンプ本を決定したいと思います。

Our first book was（*title*）．
まず初めの本は（タイトル）です。

Our next book was（*title*）．
続いての本は（タイトル）です。

And finally we have（*title*）．
最後は（タイトル）です。

Have you chosen a book you want to read most.
最も読みたい本は決まりましたか？

（One-person, one-vote rule：1人1回の投票ルールを確認する）
Now, voting time. Please remember one person can vote once for
one book only.
では投票です。投票できるのはおひとりにつき1冊の本に1度だけです。

（Vote by show of hands：挙手で決める場合）
Those who want to read (*title*) , please raise your hand.
（タイトル）を読みたいと思った人は挙手してください。

（Vote on paper：投票用紙で決める場合）
Write the name of the book you want to read on the paper.
投票用紙に読みたい本の名前を書いてください。

Congratulations (*name*) , the Champion Book of the day is (*title*) .
おめでとうございます（名前）さん。本日のチャンプ本は（タイトル）です。

Ending the Bibliobattle：終わりの言葉

Thank you to all the battlers. Everyone did a great job.
バトラーのみなさんありがとうございました。みなさんすばらしい発表でした。

That ends our Bibliobattle for today.
これをもって本日のビブリオバトルを終了いたします。

Please join me once more for a round of applause for all of our battlers.
今一度、バトラーのみなさんへ、大きな拍手をお願いします。

※　本表現集は、沼津工業高等専門学校英語科がエルスリー株式会社の協力を得て
　作成した表現集を基に加除修正したものです。

おすすめの 英語 多読図書

　おすすめ英語本は本文中にも掲載していますが、ほかにも以下の本がありますので、ご参考にしてください。

おすすめの英語多読図書シリーズ

Foundations Reading Library

Macmillan Readers

Oxford Bookworms Library

Oxford Reading Tree

Pearson English Readers （旧 *Penguin Readers*)

その他、比較的やさしい絵本など

タイトル	著者
A Sick Day for Amos McGee	Philip Christian Stead
Alexander and the Wind-Up Mouse	Leo Lionni
Curious George	H. A. Rey
Don't Let the Pigeon Drive the Bus!	Mo Willems
Extra Yarn	Mac Barnett
Frog and Toad Are Friends	Arnold Lobel
Frog and Toad Together	Arnold Lobel
Grandpa Green	Lane Smith
Harry and Hopper	Margaret Wild
I Want My Hat Back	Jon Klassen
I'll Always Love You	Hans Wilhelm
Someday	Alison McGhee
Swimmy	Leo Lionni
The Giving Tree	Shel Silverstein
The Polar Express	Chris Van Allsburg
This Is Not My Hat	Jon Klassen
Waiting Is Not Easy!	Mo Willems
We Are in a Book!	Mo Willems

※　選定者：髙司陽子・藤井数馬

おわりに

　本書では、さまざまな学校現場での英語によるビブリオバトルの実践をご紹介しました。最後にもう一度、英語でビブリオバトルを行う意義、特に学校で行う意義について考えてみたいと思います。

　すでにご理解いただけたかと思いますが、ビブリオバトルは、立場や肩書きを問わず、おすすめできる本を持っている人であれば、誰もが参加できるソーシャルなゲームです。この原理は、やや大げさにいえば、異なる人間同士が読書という人類に共通する文化的行為を通じて多様性を認め合い、尊重し合える仕組みではないでしょうか。それは、英語という言語が担っている今日的役割とも通底しているといえるでしょう。

　今日、英語は事実上のリンガフランカ（Lingua franca）としての役割を担っているといえます。母語が異なる人たち同士がコミュニケーションを取るための共通言語、すなわちリンガフランカとして英語が用いられるシーンは、学術領域だけでなくビジネスやカルチャー全般に広がっています。

　こうした点を踏まえますと、英語を実践的に学ぶということは、さまざまな文化的・社会的背景を持っている人々の存在を理解し、互いの差異を認め合い、受け入れる姿勢を身につけるという意味合いを帯びやすいといえるでしょう。英語によるビブリオバトルは、学習言語である英語を実践的表現活動に落とし込むと同時に、こうした多様性を尊重する姿勢を涵養する機会を創出する仕組みを内在していると私は考えます。

　最後に、教育現場の先生方にビブリオバトル導入のご相談を受けたとき、私は必ずこのようにお答えしています。

　「ビブリオバトルの面白さは、自分が参加し、戦い、勝ったり負けたりするとよく理解できますよ！まず先生ご自身が経験してみてください。」

　くり返しになりますが、ビブリオバトルはゲームです。ゲームの面白さ、奥深さを伝えるには、指導にあたる先生ご自身が体験されるのがいちばんです。先生だからといって、勝てるとは限らない、時にはコテンパンに負けてしまう、そうした姿を見せるのも、失敗を恐れずに英語を使う教師の役割ではないでしょうか。ぜひバトラーのひとりとしてゲームに参加し、生徒や学生と競い合ってみてください。

　　　　　　　　　　　　　　　　　　　　　　　　　　　　　木村修平

▼監修（編著）

木村 修平 / KIMURA Syuhei

立命館大学生命科学部生命情報学科准教授。ミシガン州立大学社会科学部卒業、立命館大学大学院言語教育情報研究科修了、慶應義塾大学大学院政策・メディア研究科修了。博士（政策・メディア）。専門は高等英語教育における情報通信技術（ICT）の利活用。立命館大学 4 学部で展開するプロジェクト発信型英語プログラム（pep-rg.jp）の運営コアメンバーのほか、外国語教育メディア学会（LET）傘下の電子語学教材開発研究部会部会長を務める。

近藤 雪絵 / KONDO Yukie

立命館大学薬学部薬学科准教授。立命館大学大学院言語教育情報研究科修了、関西学院大学大学院言語コミュニケーション文化研究科修了。博士（言語コミュニケーション文化）。専門は学習者主導型クラススタイルの考案・教材開発およびコーパスを利用したテキスト分析。近年は薬学生のための英語教育に力を入れる。立命館大学 4 学部で展開するプロジェクト発信型英語プログラム（pep-rg.jp）の運営コアメンバー。英語教育やコミュニケーション活動の実験劇場としての CALLAS English Studio を主宰し、英語でビブリオバトルの実践多数。

▼執筆（掲載順）

渋谷教育学園渋谷中学高等学校　司書教諭	前田　由紀
草津市教育委員会　学校政策推進課	辻　　大吾
豊島岡女子学園中学校高等学校　司書教諭	髙司　陽子
長岡技術科学大学　基盤共通教育部　准教授	藤井　数馬
東京経済大学　准教授	小田　登志子
早稲田大学日本語教育研究センター　非常勤講師	江後　千香子
室蘭工業大学しくみ解明系領域　教授	須藤　秀紹
一般社団法人ビブリオバトル協会　理事	益井　博史

英語でビブリオバトル　表現集（84 〜 92 ページ）
　　協力：エルスリー株式会社・木村修平・近藤雪絵・須藤秀紹・藤井数馬
おすすめの英語多読図書（93 ページ）
　　協力：髙司陽子・藤井数馬

編集●粕谷亮美（SANTA POST）
カバー・本文イラスト●あん。
カバー・本文デザイン・DTP ●シマダチカコ

英語でビブリオバトル 実践集

2021 年 2 月 5 日　第 1 刷印刷
2021 年 2 月 5 日　第 1 刷発行

編　著●木村修平・近藤雪絵
発行者●奥川　隆
発行所●子どもの未来社
〒 101-0052 千代田区神田小川町 3-28-7　昇龍館ビル 602
　　　　TEL：03-3830-0027　　FAX：03-3830-0028
　　　　振替　00150-1-553485
　　　　E-mail：co-mirai@f8.dion.ne.jp
　　　　HP：http://comirai.shop12.makeshop.jp/

印刷・製本●シナノ印刷株式会社

©Kimura Syuhei　Kondo Yukie　2021　Printed in Japan
ISBN978-4-86412-188-0　C0037